Rosa Roderigo

ROSA KOCHT VEGAN

Food-Fotografie: Silvio Knezevic
People-Fotografie: Jennifer Braun

INHALT

MEINE SPECIALS

MOIN, MAHLZEIT, SALUT!

Verrückt, dass du gerade dieses absolut bunte Ding in deinen Händen hältst. Willkommen zu meinem allerersten Kochbuch! Ich hoffe, dir gefällt, was du siehst. Nein, ich hoffe, du wirst es lieben und viele, viele Lieblingsrezepte darin finden. Das wäre mein Traum!

Also: Mach dir am besten schon mal 'nen farbenfrohen Drink und stoß mit mir an.

Cheers! Rosa

WILLKOMMENS-REGENBOGEN-DRINK

200 ml Mineralwasser (mit Kohlensäure) | 1 Tropfen blaue Lebensmittelfarbe | 60 ml Grenadine | 400 ml Orangen-Mango-Saft

1. Das Mineralwasser in einer Karaffe mit der blauen Lebensmittelfarbe einfärben.
2. Grenadine auf 2 Gläser verteilen.
3. Den Orangen-Mango-Saft langsam in die Gläser gießen, dabei über den Rücken eines Esslöffels am inneren Glasrand entlanglaufen lassen. So entstehen eine rote, orange und gelbe Schicht.
4. Nun dein blaues Wasser ebenfalls mithilfe des Löffels am Glasrand entlang ganz langsam dazugießen. Dabei entstehen jetzt noch eine grüne und eine blaue Schicht.

Cheers!

MEIN WEG ZUM NEXT LEVEL COMFORT FOOD

Mein Traum war es immer, mich selbstständig zu machen und Menschen mit Comfort Food zum Lächeln zu bringen. Zusammen essen, schlemmen und das Leben genießen ist einfach das Nonplusultra.

Deswegen wollte ich nach dem Abschluss der Schule auch unbedingt einen Job haben, der mit Lebensmitteln zu tun hat. Ich machte also ein Praktikum in der Küche. Dort wollten sie mich aber nicht weiter beschäftigen, weil ich Angst vor Meeresfrüchten hatte. Also fing ich eine Ausbildung zur Konditorin an. Nach drei Jahren hatte ich allerdings die Schnauze voll von Kuchen, Torten, Törtchen. Ich ging in eine Schokoladenfabrik. Hier arbeitete ich mich in die Produktentwicklung hoch und kreierte feinste Pralinen. Nach wiederum drei Jahren entschied ich mich dazu, in die Meisterschule zu gehen. In einem Kompaktkurs knallte ich mir die theoretischen und die praktischen Inhalte rein und dachte, ich drehe durch. Irgendwie hab ich es dann aber geschafft. Parallel dazu eröffnete ich den Instagram-Kanal @rosakochtgruen zusammen mit meiner echt wundervollen Partnerin Alexia Navrozidou. Der Kanal wurde entdeckt und mit der Hilfe von funk, dem Online-Content-Netzwerk von ARD und ZDF, groß gemacht. Für mehr Food check gerne meine Accounts aus: @rosakochtgruen und für couplegoals @rosaroderigo.

AUF EINER REISE, DIE ICH BEI EINEM PRALINENWETTBEWERB GEWONNEN HABE. SAN FRANCISCO IST EINFACH TRAAAAUMHAFT!

VOR DEM PRÜFUNGS-SCHAUFENSTER MEINER MEISTERINNENPRÜFUNG HAPPY IN LEXIS ARM. SLAY!

ALS PRODUKTENTWICKLERIN IN DER SCHOKOLADENMANUFKATUR.

MEIN ABSOLUTER TRAUM! EIN AUFTRITT IM TIGER-ENTENCLUB.

SCHOKODONUTS SIND DAS GESCHENK EINER HÖHEREN MACHT!

Wieso gefällt mir vegan so gut?

Ich habe echt viel Fleisch gegessen: Sucuk, Weißwürste, Bacon ... Ewig lang war ich der Meinung, dass es keine besseren Geschmacksträger als Sahne oder Eier gäbe. In meinem Freundeskreis gab es zwar viele Personen, die sich vegetarisch oder vegan ernährt haben, aber richtig auseinandergesetzt habe ich mich mit dieser Ernährungsthematik nie. Ich empfand es als okay, aber irgendwie auch als sehr krass, sich ohne jegliche tierische Produkte zu versorgen. Irgendwann habe ich dann Alexia kennengelernt. Sie ernährte sich vegan, und wir haben superviel zusammen gekocht. Ich habe mich ins Ausprobieren und in Alexia verliebt. Nach einigen Wochen fiel mir auf, dass ich mich regelrecht ekelte, als mir luftgetrocknete Salami-Sticks vor die Nase gehalten wurden, die ich zuvor abgöttisch geliebt habe. Da war mir klar: Damn, ich kann das nicht mehr! Es war auf einmal so absurd für mich, Tiere zu essen. Wieso habe ich das überhaupt gemacht? Ich hab keinen Bock, Menschen zu belehren, aber ich möchte gerne beweisen, dass Veganismus absolut kein Verzicht ist. Genussvoll und mit Bewusstsein Gerichte zuzubereiten und zu essen, ist für mich **Next Level Comfort Food!**

WEIRD FLEX..., ABER ICH WAR IM FERNSEHGARTEN. UND ES WAR VERDAMMT COOL! LEXI HAT MICH WIE IMMER UNTERSTÜTZT.

PIZZA IN CALIFORNIA. WÜRDE ICH JEDERZEIT WIEDER MACHEN.

OBEY

MEINE 8 GESCHMACKS-NERVEN-KICKS

Das japanische Wort »Umami« bedeutet übersetzt so viel wie »Schmackhaftigkeit«. Und um diese zu erreichen, lohnt sich in der Küche das Ausprobieren. Meine Experimentier-Favorites sind:

1 HEFEFLOCKEN

Diese Flöckchen bringen nicht nur Würze, sondern auch eine leicht käsige Note mit. Ein perfekter Ersatz für Parmesan. Bitte immer erst am Ende dazugeben, sonst verlieren die Hefeflocken ihren Geschmack.

2 LIQUID SMOKE

Flüssiger Rauch ist ein Träumchen in Sachen Geschmacksnoten. Nur ein paar Löffel davon können dein Essen so dermaßen upgraden.

3 GERÄUCHERTES PAPRIKAPULVER

Geräucherte Produkte sind meine liebsten. Dieses Pulver ist für jeden Fleischersatz ein absolutes MUSS.

4 SOJASAUCE

I love it! Sojasauce ist ein spitzen Umami-Träger. Ich benutze sehr gern die extradunkle Version. Es gibt aber auch helle Sojasaucen, die salzreduziert sind.

5 HELLE MISOPASTE

Diese würzige, fermentierte Paste aus Soja ist für mich der absolute Umami-Endgegner. Würzig, deftig, supergenial. Noch nie probiert? Es wird Zeit!

6 TOMATENMARK

Tomaten werden echt unterschätzt, auch sie tragen Umami in sich. Tomatenmark oder getrocknete Tomaten = einfach wunderbar.

7 KALA NAMAK

Ein indisches Schwarzsalz, das du entweder lieben oder hassen wirst. Es ist Schwefelsalz und riecht stark nach gekochtem Ei.

8 MARGARINE

Es gibt mittlerweile Margarine mit Aromen, die das Ganze ordentlich buttrig machen. Wusstest du, dass bei der Produktion von Butter fast doppelt so viel CO_2 entsteht wie bei Rindfleisch?

1
4
8
3
6
7
2
5

MEINE 7 GOLDENEN GADGETS

Ob du gerade erst mit dem Kochen anfängst oder ob du ein Pro bist: Es gibt ein paar Küchenutensilien, die dir die Arbeit erleichtern und zudem dazu beitragen, bei der Zubereitung noch mehr Fun zu haben.

1 MÖRSER

Mit einem Mörser kann man die tollsten Aromen aus Kräutern und Gewürzen herausholen. Erst kurz vor der Verwendung deine Zutat frisch mörsern, da die ätherischen Öle schnell verfliegen.

2 KÜCHENREIBE

Dieses kleine Gerät ist bei mir täglich im Gebrauch. Dank superscharfer Power-Klinge werden Ingwer, Muskatnuss, Knoblauch und mehr – frisch gerieben – zum Gamechanger.

3 TEIGKARTEN

Kleingeschnippeltes transportieren, Teig einteilen oder für die Profis zum Schokoladetemperieren – für mich sind Teigkarten aus der Küche nicht wegzudenken.

4 SCHARFE MESSER

Mit vernünftigem Schneidewerkzeug macht das Schnippeln gleich noch mehr Spaß.

5 HOCHLEISTUNGSMIXER

In der veganen Küche ist dieses Ding eine wichtige Investition. Ob für cremig-käsige Saucen aus Cashewkernen oder wenn du dir selbst deinen Haferdrink herstellen willst – ein kraftvoller Mixer macht es möglich.

6 KÜCHENMASCHINE

So 'ne Maschine ist schon eine ordentliche Arbeitserleichterung. Nicht nur für passionierte Hobbybäcker:innen ein Muss. Knetet Teige ausdauernd und gleichmäßig durch, schlägt Schaummassen hingebungsvoll.

7 REISKOCHER MIT DAMPFGARFUNKTION

Mal ganz abgesehen davon, dass man mit dem Kocher ganz easy Reis garen und warm halten kann, lassen sich damit auch perfekt Teigtaschen, Gemüse, Knödel und vieles, vieles mehr dämpfen. Für mich einfach ein absolutes Must-have.

2
6
1
3
4
5
7

RAUS AUS DEN FEDERN

Frühstück ist einfach unschlagbar! Ich liebe es, mit meinen Lieblingsmenschen den Tag mit superköstlichem, herzerwärmendem Food zu starten. Vor allem wenn man danach noch so richtig schöne Sachen vorhat. Genauso dolle genieße ich es aber auch, nur für mich allein ein schönes Frühstück zu machen und so den Tag zu beginnen. Simple self-care at its finest.

BELIEBTE BLUEBERRY PANCAKES

Fluffig, fruchtig, fabulös

FÜR 6 STÜCK
Zubereitung: 10 Min.
Braten: 12 Min.

250 g Mehl
½ Pck. Backpulver
2 EL Zucker
320 ml Vanille-Sojadrink
½ EL Apfelessig
1 EL Apfelmus
125 g Heidelbeeren
1 TL Margarine

1. In einer großen Schüssel rührst du das Mehl mit dem Backpulver und dem Zucker zusammen.
2. Jetzt gibst du nach und nach den Vanille-Sojadrink hinzu und rührst dabei alles zu einem glatten Teig. Apfelessig und Apfelmus untermischen.
3. Nun kannst du deine Heidelbeeren unter den Teig heben – rasch, nicht zu viel rumrühren.
4. Schnapp dir eine große Pfanne und erhitze darin die Hälfte der Margarine. Mit einer Schöpfkelle kannst du nun deinen Teig in die Pfanne geben: zunächst erst mal 3 Kleckse (à ca. 8 cm Ø), dazwischen immer etwas Abstand.
5. Die Pancakes bei mittlerer Hitze auf jeder Seite ca. 3 Min. braten, bis sie goldig gebräunt sind. Dann noch den restlichen Teig mit der übrigen Margarine zu Pancakes braten.
Guten!

DE LUXE

SCHOKOLADE, PUDERZUCKER, AHORNSIRUP: Diese drei sind hier wirklich herzlich dazu eingeladen, als Topping die fluffigen Teilchen noch upzugraden! Entweder nur eine dieser Zutaten nehmen oder zwei davon oder gleich alle. In jedem Fall echt schmackofatz!

KNUSPER-RAUCHSTREIFEN

Baconersatz, total lecker, total kross

FÜR 6 STÜCK
Zubereitung: 10 Min.
Backen: 7 Min.

2 EL Sojasauce
1 EL Sonnenblumenöl
2 TL Liquid Smoke
1 ½ TL Knoblauchpulver
1 TL geräuchertes Paprikapulver
2 EL Zuckerrübensirup
50 g Räuchertofu
3 Reispapierblätter (à ca. 22 cm Ø)

1. Den Backofen auf 200° vorheizen. Ein Backblech mit Backpapier auslegen.
2. Von der Sojasauce bis zum Zuckerrübensirup alles in einer kleinen Schüssel verrühren. In einer weiteren Schüssel deinen Räuchertofu klitzeklein bröseln.
3. Nun schmeißt du nacheinander deine Reispapierblätter ganz kurz in einen tiefen Teller mit lauwarmem Wasser und holst sie gleich wieder heraus, bevor sie weich und klebrig werden. Jetzt jedes feuchte Blatt in vier lange Streifchen schneiden und diese nebeneinander auf das Backblech legen.
4. Den Bröseltofu vermischst du mit 2 EL von deiner Sauce. Mit einem Pinsel bestreichst du beide Seiten der Reispapierstreifen mit der übrigen Sauce.
5. Den Tofu in der Mitte von sechs Reispapierstreifen verteilen und vorsichtig mit den übrigen marinierten Streifchen abdecken. Für ca. 7 Min. in die heiße Röhre (Mitte) schieben.
Guten!

DE LUXE

DIESE KRASSEN DINGER sind ein Mega-Topping auf veganem Rührbrei, einer schmackigen Pasta oder allerlei Salaten. Gibst du sie als Extra auch noch mit auf ein buntes Sandwich, wird dieses zu einem absoluten Traum. Ich bin Fan, echt!

SONNTAGS-SESAMBAGEL

Ein Rezept für wahre Faulis

FÜR 4 STÜCK
Zubereitung: 10 Min.
Backen: 17 Min.

400 g Sojaghurt
300 g Mehl (plus noch etwas mehr zum Arbeiten)
½ TL Salz
1 TL Backpulver
2 TL getrocknete italien. Kräuter
4 TL Sonnenblumenöl
4 TL Sesam

1. Den Backofen auf 190° vorheizen. Ein Backblech mit Backpapier auslegen.
2. In einer Schüssel Sojaghurt, Mehl, Salz, Backpulver und die Kräuter mit der Hand vermengen. Dann den Teig in vier gleich große Portionen teilen.
3. Deine Hände und die Arbeitsfläche ordentlich mit Mehl bestäuben und jeden Teigling zu einer Wurst (ca. 2 ½ cm Ø) rollen. Die Enden mit ganz wenig Wasser bestreichen und so miteinander verbinden, dass sie gut zusammenhalten.
4. Jetzt nur noch die Teigringe auf das Blech setzen, mit dem Sonnenblumenöl bestreichen und mit dem Sesam bestreuen. Für ca. 17 Min. in den Ofen (Mitte) schieben.
Guten!

HACK! **ZUM FARBIGEN AUFPIMPEN** 2 Handvoll Basilikumblätter im Blitzhacker oder mit dem Pürierstab fein pürieren und mit 4 EL Mehl unter den Teig kneten. Tadaaa: grüne Bagel! Statt des Basilikums gehen natürlich auch etwas gemahlene Kurkuma und Curry für eine gelbe Variante.

GOLDIG GEBACKENES OATMEAL

Wärmendes Frühstück

FÜR 2 PORTIONEN
Zubereitung: 5 Min.
Backen: 12 Min.

140 g Haferflocken
280 ml Vanille-Sojadrink
1 Msp. Backpulver
1 Msp. Zimtpulver
1 EL Agavendicksaft (oder ein anderes Süßungsmittel deiner Wahl)
1 EL Erdnussbutter
1 Handvoll vegane Zartbitter-Schokodrops

1. Heize erst einmal den Backofen auf 180° vor.
2. Schnapp dir dann einen Hochleistungsmixer (alternativ: Litermaß und Pürierstab) und schmeiß alles, bis auf die Schokolade, rein. Kurz glatt laufen lassen, fertig.
3. Nimm zwei ofenfeste Schalen (à 10–12 cm Ø) und gib deine Haferflocken-Sojadrink-Masse rein.
4. Die Masse mit den Schokoladenraspeln toppen und das Oatmeal für ca. 12 Min. in den Ofen (Mitte) schieben.
Guten!

DE LUXE

AUFPEPPEN GEHT SO: Schnipple ein paar frische Früchte klein und verteile sie auf deinem gebackenen Gold. Eine Kööööstlichkeit! Was für Obst? Schau doch mal, was gerade Saison hat, etwa säuerliche Äpfel oder süße Beeren. Oder nimm einfach, was du schon zu Hause hast.

RÜHRENDER RÜHRBREI

Wie Rührei, nur eben Rührbrei

FÜR 2 PORTIONEN
Zubereitung: 25 Min.

- 1 Paprika
- 4 Tomaten
- 1 Schalotte
- ½ Bund Schnittlauch
- 1 EL Margarine
- ½ EL Tomatenmark
- 200 g Tofu
- 3 EL Sojaghurt
- ½ TL frisch geriebene Muskatnuss
- Pfeffer
- ½ TL Kala Namak (ind. Schwarzsalz)

1. Ein Schneidbrett schnappen und Paprika, Tomaten, Schalotte und den Schnittlauch klein schnippeln.
2. Die Margarine in einer Pfanne erhitzen. Darin Tomatenmark und Schalotte 2 Min. anbruzzeln. Dann Paprika und Tomaten dazugeben und alles 5 Min. weiterbruzzeln lassen.
3. Jetzt kannst du deinen Tofu mit den Händen möglichst klein in die Pfanne bröseln. Sojaghurt, Muskat mit 1 Prise Pfeffer dazu. Alles kurz braten und erhitzen.
4. Kurz vorm Servieren noch das Kala Namak und den Schnittlauch über den Rührbrei streuen.
Guten!

FOOD FACTS

KALA NAMAK BESTEHT überwiegend aus Natriumchlorid. Dieses aus Indien stammende Schwarzsalz erinnert mit seinem leicht schwefeligen Geruch an gekochte Eier und ist damit ein Must-have-Wunder für alle Veganer:innen, die früher gerne mal Eier gegessen haben.

GROSSARTIGE KLEINIGKEITEN

Ihr wisst ja, was man sagt: klein, aber oho! Und genau das gilt auch für diese yummy Köstlichkeiten im kleinen Stil - von ratzfatzschnellen Reibekuchen bis zu saugeilem spicy Tofu, den du unbedingt probieren solltest. Mal ganz abgesehen von einer veganen Sauce béarnaise, die deine Geschmacksknospen zum Weinen bringen wird. Vor Freude natürlich. Here we go!

GOLDIGE GEMÜSETALER

Knusprig, saftig, easy

FÜR 4 STÜCK
Zubereitung: 10 Min.
Braten: 10 Min.

120 g Möhren
120 g mehligkochende Kartoffeln
120 g Zucchini
50 g Mehl
2 TL veganes grünes Pesto
Salz
Pfeffer
2 EL Margarine
70 g Semmelbrösel

1. Reibe Möhren, Kartoffeln und Zucchini in dünne Raspel und schmeiß alles in eine Schüssel. Press mit der Hand die Flüssigkeit grob aus den Gemüseraspeln und schütte sie ab.
2. Gib dein Mehl, das grüne Pesto, ½ TL Salz und 1 Prise Pfeffer mit in die Schüssel und vermenge alles.
3. Schmeiß die Margarine in eine Pfanne und erhitze sie.
4. Teile deine Gemüsemasse durch vier und forme aus jeder Portion ein 1 ½–2 cm dickes Patty. Schmeiß die Pattys in deine Semmelbrösel, wende sie kurz darin und gib sie anschließend direkt in die Pfanne.
5. Die Gemüsetaler bei mittlerer Hitze goldig bruzzeln. Das dauert pro Seite ca. 5 Min., dann die Taler gleich servieren.
Guten!

DE LUXE

SERVIERE DEINE GEMÜSETALER zwischen Burger-Buns geklemmt zusammen mit Toppings deiner Wahl. Ich liebe es ja, veganen Scheibenkääse noch in der Pfanne über das Patty zu geben und den Burger dann mit Krautsalat aufzupeppen. Dazu eine schöne Sauce. Schmackofatz!

RATZFATZSCHNELLE REIBEKUCHEN

Achtung: machen süchtig!

FÜR 2 PORTIONEN
Zubereitung: 15 Min.
Ausbacken: 15 Min.

- 1 kg vorwiegend festkochende Kartoffeln
- 1 Zwiebel
- 40 g Mehl
- ½ TL frisch geriebene Muskatnuss
- ½ TL Knoblauchpulver
- Salz
- Pfeffer
- 100 ml Frittieröl
- 200 g Apfelmus

1. Wasche und bürste deine Kartoffeln gründlich, damit sie schön sauber werden. Dann die Kartoffeln mitsamt der Schale in dünne Raspel reiben und in eine Schüssel schmeißen.
2. Press die Kartoffeln mit der Hand ordentlich aus und schütte die entstandene Flüssigkeit ab.
3. Zwiebel ebenso fein reiben und zu den Kartoffeln geben. Mehl, Muskat, Knoblauchpulver, 1 TL Salz und ½ TL Pfeffer dazugeben und alles vermengen.
4. Eine Pfanne mit dem Frittieröl erhitzen und darin in drei bis vier Durchgängen die Reibekuchen ausbacken: nach und nach mit einem Esslöffel kleine Häufchen Kartoffelmasse (2–3 EL pro Puffer) in die Pfanne setzen und etwas flacher drücken. Dickere Reibekuchen bei mittlerer Hitze pro Seite in 2–3 Min., dünnere Puffer in 3–4 Min. goldig ausbacken.
5. Die fertigen Reibekuchen auf Küchenpapier legen, damit das überschüssige Fett aufgesaugt wird. Mit Apfelmus servieren.
Guten!

HACK! **REIBEKUCHEN CON PESTO:** Dafür einfach 4 EL Pesto deiner Wahl (grün, rot, mild, scharf … oder was auch immer du im Vorrat hast) zusätzlich noch unter die Kartoffelmasse mischen. Das bringt eine köstliche Extranote und Farbe in die knusprigen Puffer.

2

SAUGEILER SPICY TOFU

Saftig, feurig und alles andere als langweilig

FÜR 2 PORTIONEN
Zubereitung: 20 Min.

400 g Tofu
3 EL Speisestärke
5 EL Sesamöl
2 EL Ahornsirup
7 EL Sojasauce
1 EL Sesam
1 EL Chiliflocken
1 Stück Ingwer (3 cm lang)
1 Knoblauchzehe
100 ml Bratöl
3 EL Erdnussmus

1. Schnapp dir deinen Tofu und schneid ihn in gleich große Würfel. Die Tofuwürfel mit der Speisestärke in eine große Schüssel geben und vermengen.
2. Hole dir jetzt eine kleine Schüssel und gib 3 EL Sesamöl, Ahornsirup, 4 EL Sojasauce, Sesam und die Chiliflocken rein. Deinen Ingwer und Knoblauch hackst oder reibst du ganz fein und schmeißt beides dazu.
3. Nun gibst du das Bratöl in eine große Pfanne, bis der Pfannenboden bedeckt ist, und erhitzt es. Darin brätst du die Tofuwürfel bei mittlerer Hitze rundherum goldig. Das dauert 8–10 Min.
4. Zwischendurch rührst du fix das Erdnussmus mit übriger Sojasauce (3 EL), restlichem Sesamöl (2 EL) und 4 EL Wasser zu einer Erdnusssauce zusammen.
5. Wenn der Tofu goldig ist, kannst du deine angerührte Chili-Soja-Sesamsauce draufgeben und kurz karamellisieren lassen. Spicy Tofu mit der Erdnusssauce servieren.
Guten!

DE LUXE

DIESER SPICY TOFU ist einfach das perfekte Topping auf jeder Bowl! Oder auch ein Superstar in einer frischen Sommerrolle. Einfach nur köstlich!

FALTIGE FÄCHERKARTOFFELN

Megaeasy, Hingucker

FÜR 4 PORTIONEN
Zubereitung: 15 Min.
Backen: 50 Min.

---

400 g gehackte Tomaten (aus der Dose)
800 g mittelgroße vorwiegend festkochende Kartoffeln
1 kleine Aubergine
1 kleine Paprika
50 ml Olivenöl
2 EL getrockneter Thymian
1 TL geräuchertes Paprikapulver
1 EL Knoblauchpulver
Salz
Pfeffer

1. Schalte den Backofen auf 200° und heize ihn vor. Schütte deine Dosentomaten in eine Auflaufform (ca. 23 × 15 cm) und verteile sie gleichmäßig.
2. Wasche und bürste deine Kartoffeln gut, damit sie schön sauber werden. Dann die ungeschälten Kartoffeln in einer Längsreihe aufs Arbeitsbrett geben. Rechts und links davon einen Holzkochlöffel legen. Die Kartoffeln nun mehrmals wie einen Fächer ein-, aber nicht durchschneiden (das verhindern die beiden Holzstiele der Kochlöffel).
3. Die Kartoffeln mit dem eingeschnittenen Fächer nach oben in die Tomaten in der Form legen.
4. Schneid deine Aubergine quer in dünne Scheiben und die Paprika in Ringe. (Große Auberginenscheiben und Paprikaringe eventuell halbieren.) Verteile beides auf den Fächerkartoffeln: in jeden Einschnitt vorsichtig entweder 1 Auberginenscheibe oder 1 Paprikaring drücken. Reste zu den Tomaten geben.
5. Verrühre das Öl mit Thymian, Paprika- und Knoblauchpulver, 1 EL Salz und 1 TL Pfeffer. Bestreiche die gespickten Kartoffeln mit dem Gewürzöl. Ab in den Ofen (Mitte) und 50 Min. backen.
Guten!

HACK!

HAST DU PESTORESTE im Kühlschrank? Dann streiche deine Kartoffelfächer vorm Backen auch damit ein, nicht nur mit dem Gewürzöl. Ich kann dir gar nicht sagen, was das für ein Extraaroma gibt.

SAUCY SAUCE BÉARNAISE

Ultrageile, beste Sauce ever

FÜR 2 PORTIONEN
Zubereitung: 15 Min.

100 ml Sojadrink
1 EL Senf
3 EL Weißweinessig
100 ml Sonnenblumenöl
4 große Stängel Estragon
1 TL getrockneter Kerbel
Salz
Pfeffer

1. Schnapp dir einen Hochleistungsmixer (alternativ ein Litermaß und einen Pürierstab nehmen): Sojadrink, Senf und Weißweinessig im Mixer vermengen.
2. Dann das Sonnenblumenöl ganz langsam nach und nach dazugeben, während der Mixer läuft.
3. Deine Estragonblättchen fein hacken und mit getrocknetem Kerbel, 1 Prise Salz und 1 Prise Pfeffer unter die Sauce rühren.
4. Alles in einen Topf schmeißen und ca. 2 Min. erwärmen.
Guten!

DE LUXE

SCHMECKT BESONDERS GUT zu veganem Schnitzel oder Kartoffeln mit Spargel. Auch richtig lecker macht sich die Sauce béarnaise auf einem knusprigen Toastie mit veganem Rührei und veganem Bacon.

XMAS

WEIHNACHTSMARKT-CHAMPIGNONS

Easy und verdammt köstlich

FÜR 2 PORTIONEN
Zubereitung: 25 Min.

400 g kleine braune Champignons
1 Zwiebel
1 ½ EL Margarine
1 TL geräuchertes Paprikapulver
1 TL getrocknete italien. Kräuter
Salz
Pfeffer
1 Knoblauchzehe
1 Bund Schnittlauch
2 EL vegane Crème fraîche
1 EL vegane Mayonnaise
4 Scheiben Toastbrot

1. Putz deine Champignons mit einem Küchenpinsel oder einer Pilzbürste. Schneid deine Zwiebel in dünne Ringe.
2. Zerlasse ½ EL Margarine in einer Pfanne. Schmeiß dann die Zwiebelringe dazu und brate sie goldig. Hau jetzt die Pilze in die Pfanne und streu Paprikapulver, Kräuter sowie je ½ TL Salz und Pfeffer drüber. Übrige Margarine (1 EL) mit reingeben und die Champignons 15 Min. bei mittlerer Hitze schmoren lassen.
3. In der Zeit machst du deinen Dip: Knoblauch fein reiben, Schnittlauch in Röllchen schneiden. Beides mit veganer Crème fraîche und Mayo vermengen, salzen, pfeffern.
4. Jetzt die Toastbrotscheiben im Toaster rösten und dann deine geschmorten Champignons und den Dip darauf anrichten.
Guten!

WEIHNACHTEN IST EINE BESONDERE ZEIT für mich: kuschelige Abende mit Filmen, Kerzen und dicken flauschigen Decken. Ehrlicherweise romantisiere ich den Dezember immer sehr. Weihnachten ist schlussendlich meistens chaotisch. Es gibt fette Diskussionen mit den Verwandten. Oder ich schütte aus Versehen Rotwein auf einen weißen Teppich. Aber eins muss man der Weihnachtszeit lassen: deftiges Essen, Weihnachtsmärkte, Schlittschuhlaufen und auch der Drang nach Harmonie. Aber vor allem natürlich Bock auf geschmorte Champignons mit Toast vom Weihnachtsmarkt.

MIT MIRI, BEKANNT AUS DER ERSTEN LESBISCHEN DATINGSHOW, BEI DER WEIHNACHTS-LEBKUCHENMENSCH-PRODUKTION.

CRUNCHY GRÜNKOHLCHIPS

Wahres Superfood: comfy und crispy

FÜR 2 PORTIONEN
Zubereitung: 5 Min.
Backen: 17 Min.

- 500 g Grünkohl
- 5 EL Olivenöl
- 1 TL geräuchertes Paprikapulver
- Salz

1. Zuerst den Ofen anwerfen: 120°. Wasche dann deinen Grünkohl supergründlich, gern mehrmals und in viel Wasser.
2. Schnipple deinen Grünkohl in kleine Stücke und gib sie auf ein Backblech. Schmeiß dein Olivenöl, das geräucherte Paprikapulver und 1 Prise Salz drauf.
3. Alles gut mit den Händen vermischen und den Grünkohl für ca. 17 Min. in die Röhre (Mitte) schieben.
Guten!

FOOD FACTS

GRÜNKOHL IST GESUND! Der Vitamin-C-Gehalt bei Grünkohl ist mit 105 mg pro 100 g doppelt so hoch wie bei einer Zitrone. Zudem enthält der Kohl reichlich pflanzliches Eiweiß und knochenstärkendes Calcium. Außerdem ist er gespickt mit jeder Menge Ballaststoffe, die nachhaltig sättigen und die Verdauung auf Trab bringen.

BALLERNDE BLUMENKOHLWINGS

Fast Food perfekt für den Filmabend

FÜR 4 PORTIONEN
Zubereitung: 15 Min.
Backen: 40 Min.

1 Blumenkohl
200 g Mehl
1 EL geräuchertes Paprikapulver
1 EL Knoblauchpulver
Salz
Pfeffer
150 ml Sojadrink
250 g Cornflakes
250 ml Paprikasauce »ungarische Art«
1 EL Olivenöl

1. Heize den Backofen auf 200° vor. Leg auf das Backblech einen Bogen Backpapier.
2. Schneid dir »Wings« aus deinem Blumenkohl: den Kohl in möglichst gleich große Röschen teilen.
3. Jetzt mischst du in einer großen Schüssel Mehl, Paprikapulver, Knoblauchpulver und je 1 Prise Salz und Pfeffer zusammen. Dann nach und nach den Sojadrink untermengen und alles zu einem Teig rühren. Cornflakes in eine zweite Schüssel bröseln.
4. Deine Blumenkohlwings in den Teig geben und danach direkt in den Cornflakes shaken. Ab aufs Blech und für 20 Min. in die Röhre (Mitte) schieben.
5. Die Paprikasauce mit 70 ml Wasser und Olivenöl verrühren.
6. Jetzt deine gebackenen Wings in der angerührten Paprikasauce wenden und nochmals für 20 Min. in den Ofen geben.
Guten!

HACK! **ERSETZE DIE PAPRIKASAUCE** unbedingt auch mal durch eine smoky BBQ-Sauce, eine Hot-Pepper-Sauce oder eine süßsaure Chilisauce. Ganz wie du magst.

CHINESISCHE PFANNKUCHEN

Köstlichkeit, auch Cong You Bing genannt

FÜR 10 STÜCK
Zubereitung: 40 Min.

540 g Mehl (plus noch etwas mehr zum Arbeiten)
Salz
Pfeffer
1 Prise Zucker
1 Bund Frühlingszwiebeln
5 EL Sesamöl
100 ml Bratöl

1. Gib 500 g Mehl, 2 TL Salz, 1 TL Pfeffer und den Zucker mit 300 ml lauwarmem Wasser in die Rührschüssel einer Küchenmaschine. Verknete alles 5 Min. mit dem Knethaken zu einem glatten Teig. Beiseitestellen.
2. Jetzt deine Frühlingszwiebeln in kleine Röllchen schneiden und in zehn Portionen teilen. In einem Glas oder einer Tasse das übrige Mehl (40 g) und das Sesamöl verrühren.
3. Forme deinen Teig zu einer dicken Wurst und schneid sie in zehn gleich große Stücke.
4. Schnapp dir dann immer wieder ein Teigstück, rolle es auf der leicht bemehlten Arbeitsfläche zu einem dünnen Rechteck (ca. 25 cm lang) aus, pinsel etwas vom Mehl-Öl-Mix drauf und schmeiß 1 Portion Frühlingszwiebeln on top. Den Teigfladen von der Längsseite her aufrollen und diese gefüllte Wurst dann zu einer Schnecke aufwickeln.
5. Nimm dir 'ne Pfanne und gib das Bratöl rein, bis der Pfannenboden damit bedeckt ist. Öl erhitzen.
6. Roll deine Schnecken rund aus und brat sie portionsweise bei mittlerer Hitze goldig: jede Seite jeweils 1 Min. mit einem Deckel auf der Pfanne, dann jeweils noch 1 Min. ohne Deckel.
Guten!

HACK!

FÜR DEN VORRAT: Du kannst deine ausgerollten Pfannkuchen auch einfrieren. Dafür einfach aufstapeln und dabei immer ein Backpapierstück dazwischen legen. Den Stapel in einen Zipper-Beutel setzen und tiefkühlen. Haltbarkeit: ca. 3 Monate. Dann bei Bedarf bei Zimmertemperatur auftauen lassen und anschließend braten.

SÜPPCHEN & SALÄTCHEN

Suppen sind für mich 100 % Comfort Food. Krank? Herzschmerz? Schlechte Laune? Anstrengender Tag? Suppen machen alles besser. Und eine 1-a-Salatauswahl ebenso. Zudem sind beide Gerichte auch super fürs Meal-Prep geeignet. Wenn du magst, kannst du mehrere Tage davon essen, Suppen sogar auf Vorrat einfrieren. Fete im Anmarsch? Kleine Suppe, kleiner Salat aufs Büfett - und alle sind happy!

LAZY LASAGNESUPPE

One Pot, schnell und easy

FÜR 4 PORTIONEN
Zubereitung: 20 Min.
Kochen: 15 Min.

2 Möhren
2 Stangen Staudensellerie
2 Knoblauchzehen
1 große Zwiebel
1 EL Margarine
80 g veganes Hack
800 g gehackte Tomaten (aus der Dose)
800 ml Gemüsebrühe
10 Lasagneplatten (ohne Vorkochen)
1 EL getrockneter Thymian
1 EL getrockneter Oregano
1 EL getrockneter Rosmarin
Salz
Pfeffer
1 Bund Basilikum

1. Möhren, Staudensellerie, Knoblauch und deine Zwiebel klein hacken – je feiner, umso besser.
2. Margarine in einem großen Topf erhitzen und darin dein veganes Hack anbraten. Nun dein klein geschnippeltes Gemüse dazuwerfen und anbruzzeln. Nach 5 Min. kannst du auch deine Dosentomaten und die Gemüsebrühe dazugeben.
3. Jetzt kommt der spaßige Teil. Brösle deine Lasagneplatten in groben Stücken in den Topf. Thymian, Oregano und Rosmarin dazuschmeißen und die Suppe bei mittlerer Hitze 15 Min. vor sich hin köcheln lassen.
4. Zum Schluss die lazy Lasagnesuppe mit Salz und Pfeffer abschmecken. Basilikumblättchen ganz lassen, zerzupfen oder hacken und oben draufstreuen.
Guten!

DE LUXE

SO VERDAMMT GUT! 1 EL vegane Crème fraîche oder veganer Streichkääse und ein paar Hefeflocken on top machen diese Suppe noch geschmackvoller. Welche Sorte Streichkääse du nehmen sollst? Also ich stehe auf »italienische Kräuter« oder »Tomaten & Basilikum«.

GEMÜTLICHE GRAUPEN-GEMÜSE-SUPPE

Wärmend, wohltuendes Comfort Food

FÜR 2 PORTIONEN
Zubereitung: 10 Min.
Kochen: 20 Min.

1 Stange Lauch
3 Möhren
½ Knolle Sellerie
1 EL Margarine
1,5 l Gemüsebrühe
60 g Perlgraupen
1 kleines Bund krause Petersilie

1. Schnapp dir den Lauch, die Möhren und die Sellerieknolle und schneid alles klein.
2. In einem großen Topf erhitzt du die Margarine und schmeißt dein Gemüse hinein. Jetzt kannst du direkt auch gleich deine Gemüsebrühe hinzuschütten.
3. Deine Graupen in ein Sieb geben und unter kaltem Wasser abbrausen, dann in den Topf geben. Jetzt nur noch den Deckel drauf und die Suppe bei mittlerer Hitze 20 Min. köcheln lassen.
4. Hacke deine Petersilie samt Stängeln klein. Nun kannst du deine Suppe servieren und die gehackte Petersilie on top geben. **Guten!**

DE LUXE

RICHTIG, RICHTIG SÄTTIGEND und noch wärmender wird deine Suppe, wenn du zudem ein paar vegane Würstchen (z. B. Wiener oder Frankfurter) darin erhitzt und am Schluss 1 EL Hefeflocken draufstreust. Ein ofenwarmes Baguette dazu … und einfach genießen.

DICH-LIEBENDE-LINSENSUPPE

Ein türkischer Traum, auch Mercimek Çorbası genannt

FÜR 4 PORTIONEN
Zubereitung: 15 Min.
Kochen: 25 Min.

- 1 große mehligkochende Kartoffel
- 2 Möhren
- 1 Zwiebel
- 1 Knoblauchzehe
- 1 EL Margarine
- 1 EL Tomatenmark
- 1 TL edelsüßes Paprikapulver
- 1 TL gemahlener Kreuzkümmel
- 200 g rote Linsen
- 3 TL Gemüsebrühe (Instant)
- 2 EL Zitronensaft

1. Schneid Kartoffel, Möhren, Zwiebel und Knoblauch klein.

2. Schnapp dir einen großen Topf und schmeiß die Margarine, das Tomatenmark, die Gewürze sowie die klein geschnippelte Knoblauchzehe und Zwiebel rein. Erhitze für 2 Min. alles kräftig, dabei immer wieder mal alles durchrühren.

3. Jetzt gibst du 1,3 l Wasser, deine roten Linsen, Kartoffel und Möhren hinzu und lässt die Suppe bei mittlerer Hitze 25 Min. vor sich hin köcheln.

4. Nun deine Gemüsebrühe reinstreuen und alles zusammen mit dem Pürierstab pürieren. Die Linsensuppe auf Teller oder Schüsseln verteilen und den Zitronensaft darüberträufeln.

Guten!

DE LUXE

HÜBSCH FÜRS AUGE: Tröpfle vor dem Servieren etwas Sojacreme auf die Linsensuppe. Dann noch zwei, drei Blättchen krause Petersilie und ein paar Chiliflocken mit drauf und die Suppe sieht nicht nur wunderschön aus, sie bekommt zusätzliches Aroma.

BOMBASTISCHE BOHNENSUPPE

Da ist verdammt viel Gutes drin!

FÜR 4 PORTIONEN
Zubereitung: 10 Min.
Kochen: 30 Min.

- 2 große Zwiebeln
- 3 Knoblauchzehen
- 1 EL Margarine
- 3 TL ganzer Kümmel
- 3 TL edelsüßes Paprikapulver
- 3 TL Tomatenmark
- 800 g gehackte Tomaten (aus der Dose)
- 1 l Gemüsebrühe
- 200 g rote Linsen
- 500 g weiße Bohnen (aus der Dose)
- 250 g Kidneybohnen (aus der Dose)
- Salz
- Pfeffer
- 1 Handvoll Koriandergrün
- 4 EL Sojaghurt

1. Schneid deine Zwiebeln und Knoblauchzehen klein.
2. Schnapp dir einen großen Topf und schmeiß die Margarine, Kümmel, Paprikapulver und Tomatenmark rein. Alles 1 Min. stark erhitzen, dann Zwiebeln und Knoblauch hinzufügen und 2 Min. kräftig anrösten.
3. Jetzt gibst du deine Dosentomaten und die Gemüsebrühe dazu. Schmeiß deine Linsen rein und lass die Suppe bei mittlerer Hitze 15 Min. köcheln.
4. Nun noch deine weißen Bohnen und die Kidneybohnen in einem Sieb abbrausen und mit in den Topf geben. Die Suppe weitere 15 Min. köcheln lassen. Mit Salz und Pfeffer würzen.
5. Deine Korianderblättchen ganz lassen oder grob hacken. Die Bohnensuppe auf Teller oder Schüsseln verteilen und mit je 1 Klecks Sojaghurt und etwas Koriander toppen.
Guten!

HACK! PERFEKT FÜRS MEAL-PREP: Die Bohnensuppe schmeckt nämlich am nächsten Tag noch besser, das Aroma wird um einiges bombastischer. Hier lohnt es sich wirklich, gleich die doppelte Menge zu kochen. Und dank der vielen Hülsenfrüchte ist die Suppe auch noch supersättigend.

VALENTINS-TAG

ROMANTISCHE RAMEN

Rock 'n' Roll am Gaumen!

FÜR 2 PORTIONEN
Zubereitung: 45 Min.

900 ml Gemüsebrühe
10 g getrocknete Shiitake
1 Knoblauchzehe
200 g Räuchertofu
2 EL Bratöl
5 EL Sojasauce
1 ½ EL Sesam
250 g Ramen
Salz
1 rote Zwiebel
400 ml Sojadrink
1 EL Speisestärke
1 EL Tahin (Sesampaste)
3 TL helle Misopaste
40 g Maiskörner
(aus der Dose)
2 Schuss Chiliöl
1 Prise Pfeffer

1. Bring in einem Topf Brühe, Shiitake und den fein gehackten Knoblauch zum Köcheln, dabei den Topfdeckel auflegen.
2. Inzwischen Tofu in Scheiben schneiden. Öl in einer Pfanne erhitzen, Tofu darin goldig anbraten. Schmeiß 3 EL Sojasauce und 1 EL Sesam dazu. Tofu darin wenden, Herd ausstellen.
3. Jetzt kannst du deine Ramen in Salzwasser kochen, dafür die Packungsanweisung zu Hilfe nehmen. Die gegarten Ramen dann in ein Sieb abgießen und mit kaltem Wasser abbrausen.
4. Inzwischen Zwiebel würfeln. 4 EL Sojadrink und Stärke verrühren. Mit übrigem Sojadrink, restlicher Sojasauce (2 EL) und Tahin zur Brühe geben, aufkochen. Mit der Misopaste abrunden.
5. Ramen, Brühe und Shiitake auf Schüsseln verteilen. Tofu, Zwiebel, Mais, übrigen Sesam (½ EL), Chiliöl und Pfeffer on top.
Guten!

VERKNALLT, DANN VERLIEBT, JETZT VEGAN. Alexia hat mir die vegane Küche gezeigt, und ich habe mich komplett verliebt. In Alexia und in das Experimentieren beim veganen Kochen. Verliebtsein ist mein Lieblingsgefühl und mein Lieblingszustand. Man lernt so viel Neues über die andere Person und vor allem auch über sich selbst. Klingt verrückt und pathetisch, aber wenn ich für eine Sache brenne, dann ist es für die Liebe und für gutes Essen. Danke Alexia für die Leidenschaft, das Verständnis und die Verliebtheit, die du mir schenkst!

BEI GUTEM FOOD UND GANZ VIEL LIEBE PLATZE ICH VOR ENDORPHINEN. BESONDERS BEI RAMEN UND LEXI. PERFECT MATCH. <3

TRAUMHAFTES THAI-CURRY

Schnell, easy, unglaublich köstlich

FÜR 4 PORTIONEN
Zubereitung: 40 Min.

- ½ Zucchino
- 200 g Brokkolini (auch Bimi®- oder Spargelbrokkoli)
- 100 g Zuckerschoten
- 70 g Tomaten (mit Rispen)
- 3 Stängel Thai-Basilikum
- 4 Stängel Koriandergrün
- 1 Stück Ingwer (2 cm)
- 2 Knoblauchzehen
- 1 EL Kokosöl
- 2 EL grüne Thai-Currypaste
- 400 g Kokosmilch
- ½ Limette
- 180 g Jasmin-Reis
- Salz
- 1 Handvoll geröstete Erdnusskerne
- 1 Chilischote

1. Schneid Zucchino, Brokkolini, Zuckerschoten und Tomaten klein. Kräuterblättchen grob zerzupfen oder fein hacken (etwas Koriander fürs Topping zur Seite legen). Reibe deinen Ingwer und die Knoblauchzehen fein.
2. In einem Topf erhitzt du das Kokosöl mit Ingwer, Knoblauch und der Currypaste. Schütte deine Kokosmilch drauf und gib dein Thai-Basilikum und den Koriander dazu. Saft der Limette auspressen und ebenfalls dazugeben. Das Curry ca. 10 Min. bei mittlerer Hitze köcheln lassen.
3. Gib inzwischen deinen Jasmin-Reis mit 360 ml gesalzenem Wasser in einen Topf. Aufkochen lassen, Deckel auflegen, dann den Reis bei kleiner Hitze 10–12 Min. sanft köcheln, dann noch 10 Min. ruhen lassen (Deckel nicht öffnen!).
4. Wirf dein geschnippeltes Gemüse zum Curry und lass es bei mittlerer Hitze 12 Min. köcheln. Nebenbei Erdnüsse hacken und Chili in feine Ringe schneiden.
5. Serviere dein Thai-Curry mit dem Reis sowie ein paar Chiliringen, gehackten Erdnüsse und übrigem Koriander on top.
Guten!

HACK! **LUST AUF ABWECHSLUNG?** Statt Jasmin-Reis auch mal 200 g Glasnudeln in einer Schüssel mit heißem Wasser begießen und ca. 3 Min. einweichen. Dann die Nudeln in einem Sieb gut abtropfen lassen und anschließend mit dem Thai-Curry servieren.

GENÜSSLICHER GLASNUDELSALAT

Bunter, knackiger Partykracher

FÜR 4 PORTIONEN
Zubereitung: 20 Min.

½ Brokkoli
1 rote Paprika
1 gelbe Paprika
1 Möhre
1 Knoblauchzehe
200 g Glasnudeln
4 EL Sojasauce (ich benutze extradunkle Sojasauce)
2 EL Sesamöl
4 EL Limettensaft
Topping zum Aufpeppen: Chiliflocken, gehackte gesalzene Erdnusskerne, Korianderblättchen

1. Schnipple deinen Brokkoli, die rote und die gelbe Paprika und deine ungeschälte Möhre möglichst klein (das Gemüse kommt roh in den Salat!). Reibe den Knoblauch sehr fein.
2. Begieße in einer Schüssel deine Glasnudeln mit heißem Wasser und lass sie ca. 3 Min. ziehen. Schütte sie dann zum Abtropfen in ein Sieb.
3. Schnapp dir eine Schüssel und schmeiß die vorbereiteten Zutaten rein. Dann auch noch die Sojasauce, das Sesamöl und den Limettensaft dazugeben.
4. Wenn alles gut vermengt ist, kannst du den Glasnudelsalat ganz nach Geschmack mit Chiliflocken, gehackten Erdnüssen und Korianderblättchen aufpeppen.
Guten!

HACK! **RESTEVERWERTUNG VOM FEINSTEN:** Wenn du keinen Bock mehr auf kalten Glasnudelsalat hast, den Rest am nächsten Tag mit etwas Öl kurz in die Pfanne hauen.

SOMMERLICHER SPAGHETTISALAT

Kräuter + Knoblauch + Pasta = ein Träumchen

FÜR 2 PORTIONEN
Zubereitung: 20 Min.
Marinieren: 1 Std.

- 250 g Spaghetti
- Salz
- 3 Knoblauchzehen
- 80 ml Olivenöl
- 1 EL getrockneter Oregano
- 1 großer Zweig Thymian
- 1 kleiner Zweig Rosmarin
- 450 g Tomaten (mit Rispen)
- 2 Handvoll Rucola
- 1 EL Hefeflocken
- Pfeffer

1. Spaghetti in einem großen Topf in ausreichend Salzwasser nach Packungsanweisung al dente kochen. Dann die Pasta in ein Sieb abgießen, kalt abschrecken und auskühlen lassen.
2. Während die Pasta kocht, hackst du den Knoblauch klein. Dann schnappst du dir eine Pfanne. Darin erhitzt du Olivenöl, Knoblauch, getrockneten Oregano, Thymian- und Rosmarinzweig bei kleiner Hitze. Dabei soll sich das Knoblauch- und Kräuteraroma voll entfalten. Der Knoblauch darf nicht braun werden, sonst schmeckt er bitter. Die Kräuterzweige am Ende wieder rausfischen.
3. Die Tomaten klein schneiden und in einer großen Schüssel mit Spaghetti, Kräuter-Knoblauch-Öl und Rucola vermengen. Mit Hefeflocken, Salz und Pfeffer abschmecken.
4. Jetzt den Salat abgedeckt mind. 1 Std. ziehen lassen, besser sogar noch über Nacht. Dabei die Schüssel in den Kühlschrank oder an einen kühlen Ort stellen.
Guten!

HACK!

RUCOLA MAGST DU nicht so gerne, der würzige, leicht nussige Geschmack ist nicht deins? Null Problem, nimm stattdessen einfach Feldsalat. Knackig und köstlich. Für ein noch intensiveres Tomatenaroma schneidest du 280 g getrocknete Tomaten (in Öl) klein und mischst sie mit unter den Salat. Ein Traum!

BUNTER NUDELSALAT WIE VON OMI ROSI

Der macht kugelrund und glücklich

FÜR 4 PORTIONEN
Zubereitung: 30 Min.

500 g Tricolore-Nudeln (z. B. Penne, Fusilli oder Motiv-Nudeln)
Salz
200 g vegane Fleischwurst
120 g Cornichons
175 g Mandarin-Orangen (aus der Dose)
230 g junge Erbsen (aus dem Glas)
250 g vegane Mayonnaise
1 TL Senf
Pfeffer

1. Die Nudeln in einem großen Topf in ausreichend Salzwasser nach Packungsanweisung al dente kochen. Dann die Pasta in ein Sieb abgießen, kalt abschrecken und auskühlen lassen.
2. Während die Nudeln kochen, schneidest du deine Fleischwurst, die Cornichons und die Mandarinen klein.
3. Wirf deine abgekühlte Tricolore-Pasta mit deinem Kleingeschnittenen, den Erbsen, der Mayo und dem Senf in eine große Schüssel. Gib noch je 1 TL Salz und Pfeffer dazu und vermische alles gründlich.
4. Schnapp dir deinen fertigen Salat und geh in einen Park. Genieße ein Buch und futtere diesen Comfort-Nudelsalat.
Guten!

FOOD FACTS

WARUM SIND DOSEN-MANDARINEN eigentlich so krass perfekt geschält? Eine schwach konzentrierte Natronlauge löst die Kohlenhydratketten der Mandarinenhäute auf. Echt crazy, was die Lebensmittelindustrie heutzutage so draufhat, oder?

KRÄFTIGER KARTOFFELSALAT

Frisch, sättigend, ein Klassiker

FÜR 4 PORTIONEN
Zubereitung: 15 Min.
Kochen: 30 Min.
Marinieren: 1 Std.

1 kg festkochende Kartoffeln
1 rote Zwiebel
1 EL Margarine
150 ml Gemüsebrühe
1 EL Senf
2 ½ EL Weißweinessig
1 Prise Zucker
1 Handvoll Dill
1 Handvoll Schnittlauch
100 g eingelegte Gurken (z. B. Essig- oder Gewürzgurken)
Salz
Pfeffer

1. Gib deine Kartoffeln mit ausreichend Wasser in einen Topf und koche sie in 20–30 Min. gar. Dann gießt du die Kartoffeln ab, lässt sie kurz ausdampfen und pellst sie anschließend noch. Abkühlen lassen.
2. Jetzt deine Zwiebel ganz fein schneiden und in einem kleinen Topf in der Margarine glasig dünsten. Deine Brühe hinzugeben und kurz aufköcheln lassen. Vom Herd nehmen, Senf, Essig und Zucker dazugeben.
3. Nun kannst du deinen Dill grob hacken, den Schnittlauch in Röllchen und die Gurken in dünne Scheiben schneiden. Die abgekühlten Kartoffeln ebenfalls in Scheiben schneiden.
4. Alles, was du vorbereitet hast, zusammen in einer Schüssel vermengen. Mit Salz und Pfeffer abschmecken. Den Salat nun noch mind. 1 Std. marinieren lassen – je länger, desto besser!
Guten!

FOOD FACTS

UNBEDINGT FESTKOCHENDE KARTOFFELN für den Salat nehmen! Vorwiegend festkochende oder sogar mehligkochende Kartoffeln würden zu schnell zerfallen und du hättest dann einen Kartoffelmatschsalat.

AMEYA-YOKOCHŌ

HEFTIG DEFTIG

Nichts bringt mir so viele Endgegner-Glückshormone als strahlende Gesichter, die mein frisch gekochtes Essen genießen. Und um Nachschlag bitten. Ein großer Tisch gefüllt mit Speisen. Ein Platz der Dankbarkeit und man teilt ihn sich. Zusammen quatschen, genießen, sich zu Hause fühlen. Das Leben ist so schön und komplex. Lasst es uns abrunden mit einfachen Rezepten und glücklich machenden Speisen.

OHNE-HÜHNER-FRIKASSEE

Hühner ade, Pilze olé!

FÜR 2 PORTIONEN
Zubereitung: 35 Min.

200 g Kräuterseitlinge
100 g kleine braune Champignons
120 g Reis
Salz
2 EL Margarine
1 EL Mehl
250 ml aufschlagbare Sojacreme
250 ml Gemüsebrühe
2 Lorbeerblätter
300 g junge Erbsen und Möhren (aus dem Glas)
200 g weißer Spargel (aus dem Glas)
2 EL Zitronensaft
1 Prise frisch geriebene Muskatnuss
Pfeffer
ein paar Petersilienblättchen

1. Von den Kräuterseitlingen die Stielenden abschneiden. Die Pilze in »dünne Fäden schneiden«: Dafür eine Gabel kräftig der Länge nach von oben nach unten über den Pilz ziehen und diesen dabei immer wieder drehen. Champignons ganz lassen.
2. Nimm einen Topf und koch deinen Reis nach Packungsanweisung in 250 ml leicht gesalzenem Wasser.
3. Inzwischen in einer großen Pfanne 1 EL Margarine erhitzen. Darin die Champignons goldig anbraten, herausnehmen und beiseitestellen.
4. In derselben Pfanne übrige Margarine (1 EL) erhitzen. Mehl unterrühren und mit der Sojacreme aufschütten, gut verrühren. Brühe und Lorbeerblätter hinzuschmeißen. Kurz aufkochen lassen und die Temperatur auf mittlere Hitze stellen.
5. Jetzt kannst du Erbsen und Möhren sowie Spargel abschütten, die Spargelstangen in mundgerechte Stücke schneiden. Alles mit deinen Kräuterseitlingen und den Champignons in die Pfanne geben. Das Frikassee mit Zitronensaft, Muskat, ½ TL Salz und etwas Pfeffer würzen.
6. Auf zwei Tellern den Reis mit dem Ohne-Hühner-Frikassee servieren, vorher aber noch mit der Petersilie toppen. Genießen und staunen über die Pilze.
Guten!

HACK!

PILZE SIND NIX für dich? Gib den Kräuterseitlingfäden trotzdem eine Chance. Zum einen sind sie bei diesem Gericht primär strukturgebend, zum anderen ersetzen sie tierisches Fleisch durch »pflanzliches Fleisch«. Lass nur die braunen Champignons weg.

MIND-BLOWING MISO-AUBERGINE

Butterzart, »fleischig«, ultralecker

FÜR 2 PORTIONEN
Zubereitung: 10 Min.
Backen + Garen: 30 Min.

- 1 Aubergine
- 1 Stück Ingwer (2 cm lang)
- 1 Knoblauchzehe
- 2 EL helle Misopaste
- 1 EL Zuckerrübensirup
- 2 EL Sesamöl
- 2 TL Sojasauce
- 120 g Reis
- 230 ml Gemüsebrühe
- 2 EL Rote-Bete-Saft
- 1 EL Tahin (Sesampaste)

1. Zuerst mal den Backofen auf 190° (Umluft!) vorheizen. Schnapp dir dann die Aubergine und halbiere sie der Länge nach. Nun Fruchtfleisch der beiden Auberginenhälften rautenförmig tief ein-, aber nicht durchschneiden. Ingwer und Knoblauch fein reiben oder hacken.
2. Misopaste mit Zuckerrübensirup, 1 EL Sesamöl, Sojasauce, Ingwer und Knoblauch verrühren. Die Auberginenhälften auf ein Backblech legen und die eingeschnittenen Seiten mit der kompletten Marinade bestreichen. In den Ofen (Mitte) damit und 30 Min. bruzzeln lassen.
3. Inzwischen in einem Topf deinen Reis mit der Gemüsebrühe aufkochen. Dann die Hitze auf kleinste Stufe zurückdrehen und den Reis noch 12 Min. mit geschlossenem Deckel garen lassen.
4. Fertigen Reis mit übrigem Sesamöl (1 EL) und Rote-Bete-Saft vermengen und auf Teller verteilen. Die Miso-Auberginenhälften on top platzieren, Tahin drüberdrizzeln und genießen.
Guten!

FOOD FACTS

JAPANISCHES NASU DENGAKU ist für dieses Rezept die Vorlage, ich habe das Gericht nur ein bisschen abgewandelt. So oder so ein echtes kulinarisches Highlight, das du unbedingt mal probieren solltest!

PRALL GEFÜLLTE PAPRIKA

Juicy, köstlich, perfekt fürs Meal-Prep

FÜR 4 PORTIONEN
Zubereitung: 30 Min.
Backen: 45 Min.

- 60 g Wildreis
- Salz
- 6 Paprika (gelb, rot, orange und grün)
- 1 Zwiebel
- 2 Knoblauchzehen
- 1 großes Bund Petersilie
- 1 EL Margarine
- 2 EL Tomatenmark
- 200 g Räuchertofu
- 800 g gehackte Tomaten (aus der Dose)

1. Schnapp dir einen Topf und koch darin deinen Wildreis mit 600 ml Wasser und 1 TL Salz auf. Dann die Hitze etwas zurückdrehen und den Reis in ca. 15 Min. gar köcheln lassen. Anschließend den Reis abschütten und abtropfen lassen.
2. Während der Reis kocht, schon den Backofen auf 210° vorheizen. Von den Paprika oben einen Deckel abschneiden und die Kerne aus den Schoten holen. Zwiebel klein würfeln, Knoblauch fein reiben, Petersilienblättchen klein hacken.
3. In einer Pfanne Margarine erhitzen. Darin Zwiebel, Knoblauch und Tomatenmark anbruzzeln. Nun deinen Räuchertofu mit den Händen in die Pfanne bröseln, Petersilie dazu. Und auch 400 g gehackte Tomaten und den Reis in die Pfanne geben.
4. Nimm dir eine Auflaufform (ca. 23 × 15 cm) und schmeiß die restlichen gehackten Tomaten (400 g) rein. Befülle deine Paprika mit der Tofu-Reis-Mischung und stell sie nebeneinander in die Form. Die Deckel der Paprika wieder drauf und alles für 45 Min. ab in die Röhre (Mitte).
Guten!

FOOD FACTS

GOOD TO KNOW: Jede Paprika ist im unreifen Zustand erst einmal grün. Ihre endgültige Farbe erhalten die Schoten erst, sobald sie vollreif sind. Der Farbwechsel findet stets von Grün nach Farbig statt, Zwischenfarben gibt es nicht. So ändert die Paprika die Farbe nicht etwa von Grün über Gelb zu Rot. Es werden rote, gelbe oder orangefarbene Sorten angepflanzt, die nur eines gemeinsam haben: das grüne Anfangsstadium.

ZAUBERHAFTE ZITRONEN-ZUCCHINI-PASTA

Dein neues sommerlich-zitroniges Lieblingsgericht

FÜR 4 PORTIONEN
Zubereitung: 25 Min.

500 g Zucchini
2 Knoblauchzehen
500 g Tagliatelle
Salz
250 g aufschlagbare Sojacreme
1 ½ Bio-Zitronen
Pfeffer

1. Rasple deine Zucchini in möglichst lange, dünne Streifen. Reibe den Knoblauch ganz fein. Schmeiß beides zusammen in eine Pfanne. Brate das Gemüse bei mittlerer Hitze 5–7 Min., hin und wieder durchrühren.
2. Parallel dazu kochst du die Tagliatelle in Salzwasser al dente, dabei befolgst du die Packungsanweisung.
3. Gib nun die Sojacreme zu den Zucchini. 1 Zitrone heiß waschen und abtrocknen, Schale fein zu den Zucchini reiben.
4. Press den Saft von allen Zitrönchen aus und gib ihn zu den Zucchini. Du kannst nach Geschmack auch gerne weniger oder mehr Juice hinzufügen. Jetzt die Sauce nur noch mit Salz und Pfeffer abschmecken.
5. Tagliatelle abgießen, abtropfen lassen und zu den Zucchini geben. Durchmischen und die Pasta genießen!
Guten!

HACK!

DER ABSOLUTE HAMMER sind nicht nur die Zucchini selbst, sondern auch ihre großen gelben Blüten. Die sind eine absolute Delikatesse und lassen sich gut befüllen. Musste mal probieren!

PERFEKTE PAPRIKAPASTA

Simpel, geschmackvoll, cremig

FÜR 4 PORTIONEN
Zubereitung: 20 Min.
Rösten + Kochen: 25 Min.

- 500 g rote Paprika
- 200 g frische Tomaten
- 1 rote Zwiebel
- 2 Knoblauchzehen
- 100 g eingelegte Tomaten (in Öl)
- 2 EL Öl (der eingelegten Tomaten)
- 500 g Tricolore-Nudeln (z. B. Fusilli oder breite Bandnudeln)
- Salz
- 250 ml aufschlagbare Sojacreme
- 5 Stängel Basilikum
- 1 TL getrockneter Oregano
- Pfeffer
- 2 Prisen Hefeflocken

1. Schmeiß deinen Ofen an und stell ihn auf 220°. Schneid deine Paprika, deine frischen Tomaten, Zwiebel und Knoblauch in kleine Stücke. Dann ab auf ein Backblech damit.

2. Nimm deine eingelegten Tomaten und das Tomatenöl und gib beides ebenfalls aufs Blech. Alles gut durchmischen und das Gemüse für 25 Min. in die Röhre (Mitte) schieben und rösten.

3. Nach ca. 10 Min. Röstzeit die Tricolore-Nudeln in einem großen Topf in ausreichend Salzwasser nach Packungsanweisung al dente kochen.

4. Das fertige Ofengemüse gibst du mit Sojacreme, Basilikumblättchen (ein paar Blättchen für die Deko beiseitelegen), Oregano sowie je 1 TL Salz und Pfeffer in einen Hochleistungsmixer und verarbeitest alles zu einer cremigen Sauce.

5. Schütte deine Pasta in ein Sieb, lass sie kurz abtropfen und schmeiß sie dann mit der Sauce wieder in den Topf. Alles gut vermengen, auf Teller verteilen und mit Hefeflocken und den übrigen Basilikumblättchen bestreuen.

Guten!

DE LUXE

NUDELAUFLAUF SEHR SCHMACKOFATZ: Schmeiß die fertige Paprikapasta einfach in eine Auflaufform. Gib dann etwas vegane Béchamelsauce und veganen Streukääse (Menge nach Geschmack) darüber und backe den Auflauf im 220° heißen Ofen (Mitte) in 20 Min. goldig.

UNSCHLAGBARE KÜRBISPASTA

Creamy, köstlich, kernig

FÜR 4 PORTIONEN
Zubereitung: 40 Min.

300 g Hokkaido-Kürbis
Salz
1 Zwiebel
2 Knoblauchzehen
1 Handvoll Walnusskerne
250 g Champignons
100 ml Gemüsebrühe
100 ml aufschlagbare Sojacreme
3 EL Zitronensaft
1 EL Hefeflocken
1 Prise frisch geriebene Muskatnuss
Pfeffer
500 g Rigatoni
2 EL Olivenöl
2 Handvoll Rucola
4 Schuss Balsamico-Creme
5 Stängel Petersilie

1. Schnipple deinen Kürbis in kleine Stücke und koch ihn in ausreichend Salzwasser in ca. 15 Min. weich.
2. In der Zeit kannst du Zwiebel, Knoblauch und Walnusskerne klein hacken. Die Champignons in dünne Scheiben schneiden.
3. Schütte deinen Kürbis in ein Sieb ab und gib ihn zusammen mit Brühe, Sojacreme, Zitronensaft, Hefeflocken, Muskat sowie etwas Salz und Pfeffer in einen Hochleistungsmixer und lass es glatt laufen, bis eine cremige Sauce entstanden ist.
4. Koche nun die Rigatoni in einem großen Topf in ausreichend Salzwasser nach Packungsanweisung al dente. Anschließend nur noch ins Sieb abgießen und kurz abtropfen lassen.
5. Deine Zwiebel mit dem Öl in die Pfanne werfen. Den Knoblauch und die Champignons hinzu, anbraten, bis alles schön goldig ist. Die Kürbissauce und die Rigatoni in die Pfanne geben, alles durchschwenken.
6. Rucola auf Teller verteilen und die Kürbispasta draufgeben. On top schmeißt du die Balsamico-Creme, Petersilienblättchen (ganz oder grob gehackt, wie du magst) und die Walnüsse.
Guten!

FOOD FACTS

HOKKAIDO-KÜRBIS IST EASY. Man muss ihn nicht schälen, nur waschen, da die Schale schön dünn ist und beim Kochen mitverwendet werden kann. Das ist mega, denn die Schale bringt neben intensivem Geschmack auch noch reichlich Vitamine mit sich.

PESTO-PASTA-PARTY

Schnell und schmackofatz

FÜR 4 PORTIONEN
Zubereitung: 25 Min.

500 g Lieblingsnudeln (z. B. Spaghetti, Fettuccine, Penne, Casarecce)
Salz
50 g Pinienkerne
50 g Cashewkerne
90 ml Olivenöl
3 Knoblauchzehen
100 g Basilikum
3 EL Hefeflocken
2 TL Zitronensaft
½ TL getrockneter Thymian
½ TL getrockneter Oregano
Pfeffer
250 g Tomaten (mit Rispen)

1. Koche deine Lieblingsnudeln in einem großen Topf in ausreichend Salzwasser nach Packungsanweisung al dente.
2. In der Zeit kannst du in einer Pfanne deine Pinienkerne und Cashewkerne bei mittlerer Hitze rösten. Wenn sie eine goldige Farbe bekommen haben, gib dein Olivenöl hinzu und reibe deine Knoblauchzehen rein. Kurz erhitzen und direkt in einen Hochleistungsmixer geben.
3. Basilikumblättchen, Hefeflocken, Zitronensaft, Thymian, Oregano, 1 TL Salz und ½ TL Pfeffer ebenfalls in den Mixer schmeißen und alles zu einem glatten Pesto laufen lassen. Mit Salz und Pfeffer abschmecken. Die Tomaten vierteln.
4. Die Pasta in ein Sieb abgießen, kurz abtropfen lassen und dann gleich mit dem Pesto vermengen. Auf Teller verteilen und die Tomatenviertel on top geben. Sofort servieren.
Guten!

DE LUXE

HAST DU BOCK und ein bisschen mehr Zeit, dann schmore deine Tomaten (gerne auch noch an den Rispen) mit 2 EL Olivenöl für 10 Min. bei mittlerer Hitze in der Pfanne. Etwas salzen, mit wenig Pfeffer übermahlen und dann auf die Pasta im Teller legen.

EASY ERDNUSS-UDON

Nussig, schnell, würzig

FÜR 2 PORTIONEN
Zubereitung: 40 Min.

- 300 g Brokkoli
- 200 g Champignons
- 1 Bund Frühlingszwiebeln
- 1 Knoblauchzehe
- 1 Stück Ingwer (1 cm lang)
- 3 EL Sesamöl
- 3 EL Sojasauce
- 1 EL Erdnussmus
- 400 g vorgekochte Udon-Nudeln
- 1 EL Sesam
- 1 kleines Bund Koriandergrün
- 4 Prisen Chiliflocken (nach Belieben)

1. Teile den Brokkoli in kleine Röschen, den Stiel gründlich schälen und klein schneiden. Deine Champignons viertelst du. Frühlingszwiebeln, Knoblauch und Ingwer fein schneiden.
2. Schnapp dir eine große Pfanne und erhitze darin 1 EL Sesamöl. Frühlingszwiebeln, Knoblauch und Ingwer im Öl anbraten. Deinen Brokkoli und die Champignons dazuschmeißen und alles bei mittlerer Hitze weitere 7 Min. braten.
3. Dann restliches Sesamöl (2 EL), Sojasauce, Erdnussmus, 250 ml Wasser und deine Udon-Nudeln in die Pfanne geben. Alles ca. 12 Min. köcheln lassen, bis sich die Nudeln auseinanderlösen und gar sind.
4. Die Erdnuss-Udon auf Teller verteilen und obendrauf Sesam und Korianderblättchen streuen. Wer Bock auf Schärfe hat, kann auch noch die Chiliflocken on top geben.
Guten!

FOOD FACTS

UDON AUS JAPAN sind dicke, weiße bis cremefarbene Nudeln mit einer weichen und elastischen Konsistenz. Sie werden ausschließlich aus Weizenmehl, Wasser und Salz hergestellt. Durch den Verzicht auf Ei sind Udon-Nudeln perfekt für die vegane Ernährung. Du bekommst sie in sehr gut sortierten Supermärkten in der Asienabteilung und natürlich in jedem Asienladen.

RAFFINIERTES ROSENKOHLRISOTTO

Rosenkohl + Risotto = Rock 'n' Roll

FÜR 4 PORTIONEN
Zubereitung: 45 Min.

- 500 g Rosenkohl
- 2 EL Rapsöl
- 2 TL geräuchertes Paprikapulver
- 1 Zwiebel
- 1 Knoblauchzehe
- 1 EL Margarine
- 200 g Risotto-Reis
- 200 ml Weißwein
- 350 ml Gemüsebrühe
- Salz
- Pfeffer

1. Heize den Backofen auf 210° vor. Schneid bei jedem Rosenkohl das Strunkende ab und entferne verwelkte Blätter. Teile nun die Röschen in Viertel und schmeiß sie auf ein Backblech. Jetzt gibst du noch dein Rapsöl und dein geräuchertes Paprikapulver dazu. Alles gut mit den Händen vermengen.
2. Schieb das Blech für ca. 30 Min. in die Röhre (Mitte), bis der Rosenkohl gar und schön geröstet ist.
3. Hacke deine Zwiebel und den Knoblauch klein. Erhitze die Margarine in einer großen Pfanne. Darin dünstest du bei mittlerer Hitze Zwiebel und Knoblauch an.
4. Gib den Risotto-Reis in die Pfanne und lass ihn glasig werden. Lösch den Reis mit Wein ab und gieß deine Brühe hinzu. Deckel auf die Pfanne und den Risotto in ca. 20 Min. gar köcheln lassen. Ab und zu umrühren nicht vergessen!
5. Risotto mit Salz und Pfeffer abschmecken und auf Teller verteilen. Gib deinen Ofenrosenkohl als Topping obendrauf.
Guten!

FOOD FACTS

DIE BEKANNTESTEN RISOTTO-REISSORTEN sind Arborio, Carnaroli und Vialone Nano. Die Reiskörner dieser drei Sorten haben eine verschiedene Stärkezusammensetzung und müssen darum unterschiedlich lang gekocht werden. Mein Tipp: Beachte unbedingt die Packungsanweisung für die ideale Garzeit!

KOMPLETT KRASSES KÜRBISCURRY

Sooo megaköstlich!

FÜR 4 PORTIONEN
Zubereitung: 1 Std. 15 Min.

1 Hokkaido-Kürbis (ca. 1 kg)
2 EL Olivenöl
2 Knoblauchzehen
1 Stück Ingwer (2 cm lang)
2 ½ EL Margarine
2 TL Currypulver
1 TL gemahlene Kurkuma
1 TL gemahlener Kreuzkümmel
1 TL Fenchelsamen
1 TL Tomatenmark
200 ml Kokosmilch
200 g gehackte Tomaten (aus der Dose)
3 EL Limettensaft
300 g Basmati-Reis
Salz
5 Stängel Koriandergrün

1. Heize den Backofen auf 210° vor. Wasche deinen Kürbis und schneid ihn in kleine Stücke. Dabei entfernst du gleich die Kerne. Kürbis auf ein Backblech geben, mit Olivenöl vermischen und für 30 Min. in den Ofen (Mitte) geben.
2. In der Zeit Knoblauch und Ingwer fein reiben. Mit 2 EL Margarine in einen Topf geben und erhitzen. Alle Gewürze und das Tomatenmark dazuschmeißen. Verrühren und kurz bruzzeln lassen. Mit Kokosmilch und gehackten Tomaten aufschütten.
3. Jetzt gibst du deinen Ofenkürbis mit in den Topf. Lass alles zusammen 5 Min. bei mittlerer Hitze köcheln. Das Kürbiscurry mit dem Limettensaft abrunden.
4. Während das Curry jetzt bei kleiner Hitze zieht, kochst du den Reis: Basmati-Reis in einem Sieb kalt abbrausen, dann mit 600 ml Wasser und 1 TL Salz in einem Topf aufkochen. Deckel auflegen und den Reis bei kleiner Hitze 15 Min. köcheln lassen. Nun den Herd ausschalten und den Reis noch 15 Min. ruhen lassen (Deckel nicht öffnen!).
5. Übrige Margarine (½ EL) unter den gegarten Basmati-Reis mischen. Den Reis mit dem Kürbiscurry und den Korianderblättchen on top servieren.
Guten!

DE LUXE

NOCH RUNDER WIRD dieses Gericht, wenn du zum Schluss ein paar Chiliflocken drüberstreust. Außerdem musst du unbedingt ausreichend fluffiges Naan mit auf den Tisch stellen. Davon kann sich dann jeder selbst nehmen und damit die herrliche Currysauce auftunken.

PERFEKTE POUTINE

Verdammt, verdammt schmackofatz!

FÜR 4 PORTIONEN
Zubereitung: 1 Std.

1 kg vorwiegend festkochende Kartoffeln
2 EL Olivenöl
1 TL Pommessalz
65 g Cashewkerne
85 g Sojaghurt
½ EL Hefeflocken
1 EL Tapiokastärke
4 g Agar-Agar
Salz
Pfeffer
1 EL Margarine
1 EL Mehl
250 ml aufschlagbare Sojacreme
300 ml Gemüsebrühe
5 EL Sojasauce
2 Lorbeerblätter
1 Handvoll Schnittlauch

1. Heize den Backofen auf 200° vor. Wasche und bürste deine Kartoffeln gründlich und schneid sie dann in ca. 1 ½ cm dicke Spalten. Kartoffeln auf ein Backblech schmeißen, das Olivenöl drübergießen, das Pommessalz drüberstreuen. Alles gut durchmengen und die Kartoffeln für 45 Min. in den Ofen schieben.
2. Inzwischen für eine vegane Käsemasse deine Cashewkerne in einem Topf mit ausreichend Wasser in 10 Min. weich kochen.
3. Dann die Cashewkerne in ein Sieb abgießen und abtropfen lassen. Mit Sojaghurt, Hefeflocken und Tapiokastärke in einen Hochleistungsmixer geben und glatt laufen lassen.
4. Jetzt Agar-Agar mit 3–4 EL kaltem Wasser in den Topf geben und 2 Min. kochen lassen. Cashewkernmasse hinzugeben und unter kräftigem Rühren 5 Min. erhitzen. Die Cashew-Käsemasse mit je 1 Prise Salz und Pfeffer würzen. Topf vom Herd nehmen.
5. Für die Rahmsauce erhitzt du in einem zweiten Topf die Margarine. Mehl unterrühren und goldgelb werden lassen. Dann erst deine Sojacreme dazurühren, anschließend Brühe, Sojasauce und Lorbeerblätter. Aufkochen und die Sauce bei großer Hitze unter Rühren 5–7 Min. kochen lassen. Topf vom Herd nehmen.
6. Deine Ofenkartoffeln auf Teller verteilen und die Rahmsauce drüberdrizzeln. Deine Käsemasse in kleinen Stückchen drüberstreuen. Schnittlauch in Röllchen schneiden und on top geben.
Guten!

HACK! **POUTINE GOLDIG ÜBERBACKEN:** Dafür gibst du Ofenkartoffeln, Sauce und Käsemasse in eine Auflaufform und stellst das Ganze 10 Min. in den 220° heißen Ofen (Mitte), dabei die Grillfunktion zuschalten.

ELTERN-TAG

KÖNIGSBERGER KLOPSE

Die einzig wahren Klopse

FÜR 4 PORTIONEN
Zubereitung: 1 Std.

- 1 Brötchen
- 100 g Kapern (aus dem Glas, samt 2 EL Einlegesud)
- 200 g Tofu
- 100 ml Sojadrink
- 1 TL Senf
- 1 TL helle Misopaste
- 3 ½ EL Mehl
- Salz
- 600 g vorwiegend festkochende Kartoffeln
- 80 g Margarine
- 200 ml aufschlagbare Sojacreme
- 300 ml Gemüsebrühe
- 2 EL Zitronensaft

1. Schneid das Brötchen winzig klein, 40 g Kapern fein hacken, beides in eine Schüssel schmeißen. Tofu dazubröseln, ebenfalls möglichst klein. Erwärme deinen Sojadrink und gib ihn mit Senf, Misopaste, 2 EL Mehl und ½ TL Salz dazu, vermenge alles gut.
2. Aus der Tofumasse zwölf Bällchen formen und im Dampfgarer 10 Min. garen, dann herausnehmen und auskühlen lassen.
3. Nebenbei die Kartoffeln in ausreichend Wasser in 20–30 Min. gar kochen. Wer sie ohne Schale mag, schält sie vorher.
4. In einem Topf Margarine erhitzen, übriges Mehl (1 ½ EL) dazurühren. Sojacreme und Brühe unter weiterem Rühren dazugießen. Aufkochen lassen, dann restliche Kapern (60 g) samt den 2 EL Einlegesud, Zitronensaft und ½ TL Salz zufügen.
5. Deine abgekühlten Bällchen vorsichtig wieder rund formen und in die Sauce geben, erwärmen. Mit den Kartoffeln servieren.
Guten!

LIEBER PAPA UND LIEBE MAMA (und alle anderen), mit sieben Monaten habt ihr mich aus dem Kinderheim geholt und euch gedacht, mit diesem Wonneproppen fahren wir jetzt nach Hause. Unser Zuhause in Neuss. Dort entstand meine Liebe für deftiges Essen. Ich habe nichts so sehr geliebt wie Mamas Königsberger Klopse. Lieber Papa, liebe Mama: danke für die Unterstützung, danke für die Akzeptanz. Ich liebe euch und Königsberger Klopse!

DAS OUTFIT WÜRDE ICH HEUTE GENAUSO NOCH EINMAL ANZIEHEN. MAMA UND PAPA RODERIGO MIT MIR ALS WONNEPROPPEN.

BIFTEKI
ΜΠΙΦΤΕΚΙ

»Fleischig«, herzhaft, griechisch

FÜR 4 PORTIONEN
Zubereitung: 35 Min.

1 rote Zwiebel
1 Knoblauchzehe
1 große Handvoll Minzeblättchen
500 g veganes Hack
2 EL Tomatenmark
½ EL Senf
Salz
Pfeffer
150 g vegane Feta-Alternative
2 EL Margarine
250 g Orzo
200 g Passata (Tomatenpüree)
1 Handvoll Petersilienblättchen

1. Schnapp dir Zwiebel, Knoblauch und Minze und hacke alles klein. Schmeiß das Ganze zu deinem veganen Hack in einer Schüssel. 1 EL Tomatenmark, Senf, ein wenig Salz und Pfeffer kommen auch dazu. Das Hack mit einer Gabel gut vermengen.
2. Halbiere deinen Feta quer und schneid beide Stücke ebenfalls quer in jeweils 6 Stangen. Deine Hackmasse kannst du zu einer Wurst rollen und in zwölf Portionen einteilen.
3. Jetzt nacheinander jede Hackportion in der Handfläche zu einem flachen Kreis drücken, 1 Fetastange reinlegen und das Hack drum herum zusammenpressen. Und fertig sind deine veganen Bifteki (jeweils ca. 3 × 6 cm groß).
4. Die Margarine in einer großen Pfanne erhitzen. Die Bifteki reinschmeißen und bei mittlerer Hitze rundherum in 10–12 Min. knusprig braun bruzzeln.
5. Zeitgleich kochst du deine Orzo nach Packungsanweisung in Salzwasser. Dann in ein Sieb abschütten und mit Passata, restlichem Tomatenmark (1 EL), je ½ TL Salz und Pfeffer wieder in den Topf geben. Vermischen und abschmecken.
6. Schnapp deine Orzo und verteile sie auf Tellern. Obendrauf gibst du die Bifteki und die Petersilienblättchen als Topping.
Guten!

FOOD FACTS

ORZO ODER WAS? Diese reisförmigen Nudeln haben viele Namen. In der griechischen Küche beispielsweise sind sie als »Kritharaki« bekannt, in der italienischen als »Risi« oder »Risoni«. Und in Deutschland werden sie als »Nudelreis« bezeichnet. So oder so schmecken sie klasse.

PRÄCHTIG GEFÜLLTE PIDE

Saftig, würzig, türkisch

FÜR 4 STÜCK
Zubereitung: 1 Std. 30 Min.
Backen: 30 Min.

42 g frische Hefe
500 g Mehl (plus noch etwas mehr zum Arbeiten)
½ EL Zucker
Salz
5 EL Sojaghurt
8 EL Olivenöl
4 Spitzpaprika
3 Fleischtomaten
1 Gemüsezwiebel
1 Bund Petersilie
4 Knoblauchzehen
1 EL Margarine
1 EL Tomatenmark
4 EL getrockneter Thymian
3 EL getrockneter Oregano
1 EL geräuchertes Paprikapulver
400 g Tofu
Pfeffer
2 EL Sesam (schwarz oder weiß)
1 Handvoll Zitronenspalten (nach Belieben)

1. Hefe in 200 ml lauwarmem Wasser auflösen. In der Rührschüssel der Küchenmaschine Mehl, Zucker und 1 TL Salz vermischen. Dann Hefewasser, Sojaghurt und 5 EL Olivenöl dazugeben. Alles mit dem Knethaken 10 Min. verkneten. Den Teig mit einem feuchten Geschirrtuch abdecken und an einem warmen Ort 1 Std. ruhen und gehen lassen.
2. In der Zeit kannst du deine Spitzpaprika, Fleischtomaten und Gemüsezwiebel in dünne Streifen schneiden, die Petersilie grob und die Knoblauchzehen fein hacken.
3. In einer Pfanne erhitzt du Margarine, Knoblauch, Tomatenmark, getrocknete Kräuter und Paprikapulver. Brösle deinen Tofu direkt dazu und brate alles 5 Min. an. Nun schmeißt du auch Paprika, Tomaten, Zwiebel und Petersilie in die Pfanne. Salzen, pfeffern, alles erhitzen und dann zur Seite stellen.
4. Backofen auf 200° vorheizen. Teig auf der bemehlten Arbeitsfläche durchkneten, in vier Portionen teilen. Jede Teigportion zur Kugel formen, auf ein Stück Backpapier legen und mit den Händen in eine ovale flache Form drücken. Tofu-Gemüse-Mix draufgeben, dabei rundherum ca. 1 cm Rand frei lassen.
5. Die Teigränder hochklappen, an die Füllung drücken, mit übrigem Olivenöl (3 EL) bestreichen und mit Sesam bestreuen. Pide nebeneinander aufs Backblech legen und im Ofen (Mitte) 30 Min. backen. Nach Belieben mit Zitronenspalten servieren.
Guten!

HACK!

GEFÜLLTE PIDE SIND einfach yummy, egal was in ihnen steckt. Hier noch eine Idee, mit was du die kleinen Brotschiffchen füllen kannst: Dünste Blattspinat, Zwiebel- und Knoblauchwürfel in der Pfanne. Salzen, pfeffern und mit veganem Feta auf den Teigfladen verteilen.

AFGHANISCHE BOLANI

Ein Rezept zum Verlieben

FÜR 10 STÜCK
Zubereitung: 40 Min.
Ruhen: 45 Min.

- 1 EL Trockenhefe
- Salz
- 500 g Mehl (plus noch etwas mehr zum Arbeiten)
- 1 Stange Lauch
- 1 Bund Koriandergrün
- 6 EL Öl
- 300 g Sojaghurt

1. Schnapp dir die Rührschüssel der Küchenmaschine und vermische darin Trockenhefe, 2 TL Salz und 250 ml lauwarmes Wasser. Gib das Mehl dazu und verknete alles 10 Min. mit dem Knethaken. Teig mit einem feuchten Geschirrtuch abdecken und an einem warmen Ort mind. 45 Min. ruhen und gehen lassen.
2. Dann den Lauch und das Koriandergrün klein hacken und mit 2 TL Salz und 1 EL Öl vermengen.
3. Die Arbeitsfläche ordentlich bemehlen. Dann nimmst du den Teig, knetest ihn nochmals durch und teilst ihn in zehn Portionen. Die kannst du nun jeweils 2–3 mm dick und rund ausrollen.
4. Jeden Teigfladen auf einer Hälfte mit Lauchfüllung belegen. Dann die freie Teighälfte über die Füllung klappen und die Ränder gut festdrücken.
5. Die gefüllten Bolani werden jetzt der Reihe nach gebraten: 1 TL Öl in einer großen Pfanne erhitzen. Bolani reingeben und bei mittlerer Hitze auf jeder Seite in 1–2 Min. goldig braten. Sind alle Bolani fertig, servierst du sie mit Sojaghurt.
Guten!

DE LUXE

BOCK AUF EXTRAAROMA? Dann erhitze 2 EL Margarine in einem kleinen Topf und dünste darin 1 fein gehackte Knoblauchzehe. Vom Herd nehmen, Knobi-Margarine kurz ziehen lassen und anschließend die goldig gebratenen Bolani damit bestreichen.

POLNISCHE PIROGGEN

Herzerobernde herzhafte Teigtaschen

FÜR 4 PORTIONEN
Zubereitung: 1 Std. 20 Min.

300 g Mehl (plus noch etwas mehr zum Arbeiten)
3 EL Öl
Salz
3 gegarte mehligkochende Kartoffeln
200 g Sojaghurt
1 Prise frisch geriebene Muskatnuss
Pfeffer
1 Bund Schnittlauch
3 EL Margarine
1 Zwiebel
1 TL Hefeflocken

1. Aus Mehl, Öl, 125 ml lauwarmem Wasser und ½ TL Salz einen glatten Teig kneten (mit den Händen oder der Maschine, das bleibt dir überlassen). Teig abdecken und ruhen lassen, bis die Füllung fertig ist.
2. Für die Füllung Kartoffeln mit Sojaghurt, Muskat, etwas Salz und Pfeffer in eine Schüssel geben und mit einer Gabel vermantschen. Schnittlauch in Röllchen schneiden, untermischen.
3. Teig vierteln, die Arbeitsfläche bemehlen. Jede Teigportion 2–3 mm dünn ausrollen und mit einem runden Ausstecher oder einem Glas Kreise (7–8 cm Ø) ausstechen. In die Mitte jedes Teigkreises 1 TL Füllung geben, dann die Kreise zu Halbmonden verschließen. Die Teigränder zwischen Daumen und Zeigefinger zusammendrücken, damit sie gut verschlossen bleiben.
4. Nun deine Piroggen portionsweise in leicht simmerndem Salzwasser in jeweils 8 Min. gar ziehen lassen. Dabei jede fertig gegarte Portion mit einem Schaumlöffel aus dem Kochwasser heben, mit etwas Margarine in eine große Pfanne geben und von beiden Seiten goldbraun braten.
5. Schneid zwischendurch die Zwiebel klein und schmor sie in einer zweiten Pfanne ebenfalls in etwas Margarine. Servier deine Piroggen mit den Zwiebeln und den Hefeflocken on top.
Guten!

HACK! **PIROGGEN AUF VORRAT** geht so: Teigtaschen im Salzwasser garen, herausnehmen, auf einem Blech auskühlen lassen und einfrieren. Damit sie dabei nicht zusammenkleben, am besten erst nebeneinander auf dem Blech anfrieren lassen, anschließend in eine Tüte werfen.

ROTE RICOTTA-RAVIOLI

Ganz große Teigtaschenliebe

FÜR 2 PORTIONEN
Zubereitung: 50 Min.

- 2 EL Tomatenmark
- 180 g Hartweizengrieß
- 120 g Mehl (plus noch etwas mehr zum Arbeiten)
- 1 EL Olivenöl
- Salz
- 200 g Cashewkerne
- 1 Bund Basilikum
- 3 EL Hefeflocken
- 2 EL Zitronensaft
- 400 g gehackte Tomaten (aus der Dose)
- 200 ml aufschlagbare Sojacreme
- 1 Zweig Thymian
- 1 Zweig Rosmarin
- Pfeffer

1. Mix in einer Rührschüssel mit dem Pürierstab dein Tomatenmark mit 140 ml Wasser glatt. Schmeiß Hartweizengrieß, Mehl, Olivenöl und 1 Prise Salz dazu und verarbeite alles zu einem glatten Teig. Abgedeckt in den Kühlschrank stellen.

2. Für die Ricottafüllung die Cashewkerne in einem Topf mit ausreichend Wasser in 10 Min. weich kochen. Dann die Kerne in ein Sieb abgießen und abtropfen lassen. Mit Basilikumblättchen, Hefeflocken, Zitronensaft, 70 ml Wasser und 1 TL Salz in einen Hochleistungsmixer geben und fein pürieren.

3. Roll jetzt deinen Teig auf der bemehlten Arbeitsfläche zu einem Rechteck (ca. 30 × 40 cm) aus. Die eine Teighälfte mit Wasser bestreichen. Auf die andere Hälfte setzt du mit jeweils einem Abstand von ca. 8 cm immer wieder 1 TL Ricottafüllung. Danach solltest du zwei Reihen mit Füllung haben. Die leere, mit Wasser bestrichene Teighälfte über die befüllte klappen und den Teig zwischen den Ricottahäufchen gut andrücken.

4. Die befüllte Teigplatte mit einem Teigrad oder dem Messer so in Quadrate schneiden, dass in der Mitte immer die Füllung sitzt. Die Ränder der Ravioli rundherum mit einer Gabel zusammendrücken. Ravioli 5 Min. in kochendem Salzwasser garen lassen.

5. Parallel dazu gehackte Tomaten, Sojacreme, Thymian- und Rosmarinzweige, je 1 Prise Salz und Pfeffer in einer großen Pfanne erhitzen. Ravioli mit einem Schaumlöffel aus dem Kochwasser heben und direkt in die Sauce werfen.

Guten!

GAUMENFREUDIGE GNOCCHI

Kleines, rundes Aromaerlebnis

FÜR 2 PORTIONEN
Zubereitung: 45 Min.
Kochen: 25 Min.

- 500 g mehligkochende Kartoffeln
- 150 g Mehl (plus noch etwas mehr zum Arbeiten)
- 2 EL Tomatenmark
- Salz
- 1 Prise frisch geriebene Muskatnuss
- 2 EL Olivenöl
- 6 Stängel Salbei
- 1 Knoblauchzehe
- 2 EL Margarine
- Pfeffer
- 1 EL Hefeflocken

1. Gib deine Kartoffeln mit ausreichend Wasser in einen Topf und koche sie in 25 Min. gar. Dann gießt du die Kartoffeln ab und lässt sie nur kurz ausdampfen. Die Kartoffeln noch warm pellen, mit einer Gabel zerdrücken und auf der Arbeitsfläche verteilen, abkühlen lassen.

2. Mehl, Tomatenmark, 1 TL Salz und Muskat zu den Kartoffeln geben und alles gründlich, aber locker vermengen. Jetzt deinen Kartoffelteig auf der gut bemehlten Arbeitsfläche zu einer dicken Wurst (ca. 2 cm Ø) formen und diese in 1 ½–2 cm dicke Stücke schneiden. Die Teigstücke zu runden Gnocchi rollen.

3. Das Öl in einer großen Pfanne erhitzen. Darin deine Gnocchi rundherum bei mittlerer Hitze in ca. 15 Min. goldig anbraten. Da die Gnocchi sehr weich sind, musst du sie vorsichtig wenden.

4. Schneid zwischendurch die Salbeiblättchen in breite Streifen und den Knoblauch in dünne Scheiben. Zerlasse die Margarine in einem kleinen Topf und schmeiß Salbei und Knoblauch dazu. Runde das Ganze mit je 1 Prise Salz und Pfeffer ab. Nur kurz aufschäumen lassen, dann zu den Gnocchi geben.

5. Deine Salbei-Knoblauch-Margarine und die Gnocchi gut vermischen, deine Hefeflocken on top und auf die Teller damit.

Guten!

FOOD FACTS

DIESE ITALIENISCHEN NOCKEN hier sehen zwar aus wie Nudeln, es sind aber keine: Sie werden nicht aus Getreide hergestellt, sondern aus Kartoffeln. Wusstest du, dass man Gnocchi (übersetzt: Klößchen) NO:KII ausspricht? Und Gnocchi di patate kleine Kartoffelklößchen sind?

5-ZUTATEN-CRÊPES

Schnell, easy, wunderbar

FÜR 6 STÜCK
Zubereitung: 30 Min.

300 g Mehl
Salz
350 ml Sojadrink
1 TL Zuckerrübensirup
1 EL Margarine

1. Schnapp dir eine große Schüssel und vermische darin dein Mehl und 2 Prisen Salz. Dann nach und nach den Sojadrink dazurühren und den Zuckerrübensirup. So lange rühren, bis ein glatter Teig entstanden ist.
2. Jetzt kannst du nacheinander sechs Crêpes backen: Nimm eine möglichst flache, große Pfanne und erhitze sie mit etwas Margarine. Dann mit einer Schöpfkelle 1 Portion Teig in der Pfanne verteilen. Dafür in der Pfannenmitte anfangen, den Teig aus der Kelle zu gießen. Mit der Unterseite der Kelle berührst du dabei leicht den Pfannenboden und ziehst zeitgleich immer größer werdende Kreise.
3. Den Crêpe bei mittlerer Hitze auf jeder Seite in 1–2 Min. goldig backen. Dann aus dem übrigen Teig mit der restlichen Margarine weitere fünf Crêpes backen. Alle fertigen Crêpes auf einen ofenfesten Teller stapeln und in der 50° heißen Röhre (Mitte) warm halten.
Guten!

DE LUXE

FÜR HUNGRIGE MÄULER die Crêpes herrlich deftig mit gebratenem Gemüse, cremigem Pilzragout oder einfach nur mit veganem (Streu-)Kääse füllen. Oder auch mal für süße Süßschnäbel mit Himbeeren, Heidelbeeren oder zerkleinerten Erdbeeren, mit Zimt und Zucker, mit Schokocreme und Bananenscheiben. Dann den Crêpeteig aber gerne mit Vanille-Sojadrink und 1 EL Zuckerrübensirup (anstatt nur mit 1 TL) zubereiten.

GROSSARTIG GEFÜLLTE OFENKARTOFFEL

1-a-Gaumenschmaus

FÜR 4 PORTIONEN
Zubereitung: 1 Std. 15 Min.

4 große mehligkochende Kartoffeln (à ca. 250 g)
1 Bund Schnittlauch
1 Knoblauchzehe
500 ml Sojaghurt
2 geh. TL Hefeflocken
Salz
Pfeffer
300 g braune Champignons
1 EL Öl
1 TL geräuchertes Paprikapulver
250 g Tomaten (mit Rispen)
1 Bund krause Petersilie
4 TL Margarine
4 Prisen frisch geriebene Muskatnuss
50 g Maiskörner (aus der Dose)

1. Heize den Backofen auf 210° vor. Wasche und bürste deine Kartoffeln und stich sie von allen Seiten mit der Gabel ein. Ab aufs Backblech damit und rein in die Röhre (Mitte). Dort bleiben die Kartoffeln ca. 1 Std., bis sie weich gegart sind.
2. Schnapp dir inzwischen den Schnittlauch und schneid ihn klein, die Knoblauchzehe wird gerieben. Schmeiß beides mit Sojaghurt, Hefeflocken, 1 ½ TL Salz und 1 Prise Pfeffer in eine Schüssel. Alles verrühren und den Dip kalt stellen.
3. Schneid deine Champignons in dicke Scheiben. Erhitze das Öl in einer großen Pfanne. Wirf die Champignons, das Paprikapulver und 1 TL Salz dazu und brat die Pilze bei großer Hitze schön goldig, dabei gut rühren. Zwischendurch Tomaten klein schneiden, Petersilienblättchen grob hacken.
4. Die Ofenkartoffeln auf Teller legen, längs aufschneiden und das weiche Innere leicht mit einer Gabel aufbrechen. Jeweils 1 TL Margarine dazu und 1 Prise Muskat. Dann Champignons, Mais, Tomaten und Petersilie drauf verteilen und zum Schluss auch den Schnittlauch-Knoblauch-Dip.
Guten!

DE LUXE

MEHR KÖSTLICHES TOPPING gewünscht? Dann schnapp dir Rucola, grüne oder schwarze Oliven und zerbrösle veganen Feta. Verteile alles auf den Ofenkartoffeln. Auch der Hammer sind veganer Chicken-Ersatz, Salatgurke, veganer Kääse und dazu deine Lieblingssauce.

BLUMENKOHL-MAULTASCHEN-AUFLAUF

Bunt, herzhaft, deftig

FÜR 4 PORTIONEN
Zubereitung: 20 Min.
Backen: 40 Min.

- 750 g lila Blumenkohl
- Salz
- 1 EL Margarine
- 3 EL Mehl
- 200 ml Gemüsebrühe
- 250 ml aufschlagbare Sojacreme
- 1 Prise frisch geriebene Muskatnuss
- Pfeffer
- 300 g Maultaschen (aus dem Kühlregal)
- 4 TL Hefeflocken

1. Schnapp dir deinen Blumenkohl und teile ihn in Röschen. Gib die Blumenkohlröschen mit ausreichend Salzwasser in einen Topf und koche sie in 5 Min. bissfest.
2. In der Zeit die Margarine in einem zweiten Topf erhitzen. Mehl dazu und bei mittlerer Hitze kurz durchrühren, dann etwas Gemüsebrühe unterrühren. Nun die restliche Gemüsebrühe und die Sojacreme dazugießen. Aufkochen lassen und Mehlschwitze mit Muskat, Salz und Pfeffer abschmecken. Zur Seite stellen.
3. Den Backofen auf 220° vorheizen. Deine Maultaschen in breite Streifen schneiden.
4. Den Blumenkohl in ein Sieb abschütten und in eine Auflaufform (ca. 28 × 22 cm) schmeißen. Maultaschen auf den Kohl werfen, die Mehlschwitze über alles drübergeben. Auflauf in die Röhre (Mitte) schieben und 40 Min. backen.
5. Runde deinen Blumenkohl-Maultaschen-Auflauf vor dem Servieren noch mit ein paar Hefeflocken ab.
Guten!

FOOD FACTS

BLUMENKOHL IN LILA? Ist die Farbe künstlich? Nein! Sein Lila erhält der Blumenkohl durch Antocyane. Das sind wasserlösliche Pflanzenfarbstoffe, wie sie etwa auch in Rotkohl vorkommen. Also ran an den lila Kohl, trau dich! Er schmeckt absolut schmackofatz!

OFEN-VETA-WUNDER

Ein Trend, der einfach genial ist!

FÜR 2 PORTIONEN
Zubereitung: 15 Min.
Backen + Kochen: 25 Min.

200 g vegane Feta-Alternative
400 g Tomaten (mit Rispen)
100 g Baby-Blattspinat
3 Knoblauchzehen
50 ml Olivenöl
1 EL getrockneter Thymian
1 EL getrockneter Rosmarin
1 EL getrocknetes Basilikum
1 EL getrocknete Petersilie
Salz
Pfeffer
400 g Spaghetti

1. Zuerst mal die Röhre auf 220° vorheizen. Dann legst du in die Mitte einer Auflaufform (ca. 23 × 15 cm) deinen Feta. Jetzt die Tomaten und den Spinat drum herumverteilen.
2. Nimm deine Knoblauchzehen und schlag sie mit der platten Seite eines großen Messers oder mit der Faust flach. Ab in die Auflaufform damit. Gieß dein Olivenöl über alles und streu deine Kräuter obendrauf. Mit Salz und Pfeffer würzen.
3. Die Form in den Ofen (Mitte) schieben und Feta, Tomaten und Blattspinat 25 Min. backen. Parallel dazu die Spaghetti in einem großen Topf in ausreichend Salzwasser nach Packungsanweisung al dente kochen.
4. Die Pasta in ein Sieb abgießen, ganz kurz abtropfen lassen und dann auch schon mit deinem Gebackenem vermischen. Genießen! Und tanzen, weil es so verdammt geilo ist.
Guten!

FOOD FACTS

VEGANEN FETA GIBT es mittlerweile in fast jedem großen Supermarkt. Dieser »Feta« ist etwas milder im Geschmack als das Original, dennoch 1 a. Ein super Produkt, das du unbedingt ausprobieren solltest!

KÖSTLICHES KARTOFFELGRATIN

Einfache, grandios-beste Beilage

FÜR 4 PORTIONEN
Zubereitung: 20 Min.
Backen: 50 Min.

1 kg vorwiegend festkochende Kartoffeln
1 Bund Schnittlauch
500 ml aufschlagbare Sojacreme
2 TL getrockneter Thymian
1 TL gemahlener Rosmarin
1 ½ TL Knoblauchpulver
1 TL frisch geriebene Muskatnuss
1 TL geräuchertes Paprikapulver
Salz
Pfeffer

1. Heize den Backofen auf 200° vor. Schäle oder wasche und bürste deine Kartoffeln, dann schneidest du sie in hauchfeine Scheiben. Pass dabei bitte auf deine Finger auf! Den Schnittlauch in kleine Röllchen schneiden.

2. Verrühre deine Sojacreme mit Thymian, Rosmarin, Knoblauchpulver, Muskat, Paprikapulver, 1 ½ TL Salz und ½ TL Pfeffer. Gib die Schnittlauchröllchen dazu.

3. Schnapp dir eine Auflaufform (ca. 25 × 20 cm) und schichte eine Lage Kartoffelscheiben rein. Dann gießt du etwas von deiner Schnittlauch-Sojacreme drauf. So weiterschichten, bis du das Ganze mit Sojacreme abschließt.

4. Jetzt kommt die Form 50 Min. in den Ofen, bis das Kartoffelgratin schön goldig ist. Das war's.

Guten!

FOOD FACTS

UMSO MEHR SPEISESTÄRKE eine Kartoffel besitzt, umso weicher ist sie nach dem Garen. Mehligkochende Kartoffeln enthalten beispielsweise viel Stärke und würden das Gratin »matschig« machen. Für ein optimales Gratin-Ergebnis eignen sich vorwiegend festkochende Kartoffeln besonders gut.

GNOCCHI-BROKKOLI-AUFLAUF

Herrlich deftig und knusprig überbacken

FÜR 4 PORTIONEN
Zubereitung: 35 Min.
Backen: 45 Min.

- 200 g Räuchertofu
- 2 ½ EL Margarine
- 1 EL Tomatenmark
- 1 EL Sojasauce
- 1 TL Knoblauchpulver
- 500 g Brokkoli
- 500 g vegane Gnocchi (aus dem Kühlregal)
- 3 geh. EL Mehl
- 250 ml Gemüsebrühe
- 200 ml aufschlagbare Sojacreme
- 1 Prise frisch geriebene Muskatnuss
- Salz
- Pfeffer

1. Schneid deinen Räuchertofu in kleine Streifen, ähnlich wie Speck. Gib ihn mit 1 EL Margarine, Tomatenmark, Sojasauce und Knoblauchpulver in eine große Pfanne. Brate deine Tofustreifen, bis sie knusprig sind, dabei immer wieder durchrühren. Fertige Tofustreifen in eine Schüssel umfüllen.
2. Den Stiel des Brokkolis schälen, dann den ganzen Brokkoli klein schneiden. In der Pfanne jetzt ½ EL Margarine erhitzen. Darin deine Gnocchi anbraten, bis sie goldig sind. Brokkoli dazuwerfen und kurz mitbraten. Dann die Pfanne vom Herd ziehen. Backofen auf 210° vorheizen.
3. In einem Topf die übrige Margarine (1 EL) erhitzen. Mehl unterrühren und kurz anschwitzen, dann Gemüsebrühe und Sojacreme ebenfalls unterrühren. Die Mehlschwitze mit Muskat und je 1 Prise Salz und Pfeffer würzen.
4. In eine Auflaufform (ca. 28 × 22 cm) deine Gnocchi und den Brokkoli reinknallen. Deine Tofustreifen kommen obendrauf, und zu guter Letzt noch deine Mehlschwitze on top verteilen (das Ganze nicht vermengen!). Auflauf für 45 Min. in den Ofen (Mitte) schmeißen und knusprig überbacken.
Guten!

FOOD FACTS

ALLES VOM BROKKOLI kannst du essen, nicht nur die Röschen, auch die Blätter und den Stiel. Sogar roh, wenn du Bock hast. Der Stiel muss oft nur kräftig geschält werden, da er teilweise ein bisschen holzig ist.

BATTERWHIP

SEMMELKNÖDEL AUF PILZSAUCE

Knödel, Pilze, das macht glücklich!

FÜR 4 PORTIONEN
Zubereitung: 50 Min.

10 Brötchen (vom Vortag)
280 ml Sojadrink (ohne Zucker)
1 großes Bund Petersilie
2 EL Röstzwiebeln
1 EL Sonnenblumenöl
1 EL Hefeflocken
½ TL frisch geriebene Muskatnuss
Salz
500 g braune Champignons
2 Zwiebeln
2 ½ EL Margarine
2 EL Mehl
400 ml Gemüsebrühe
400 ml aufschlagbare Sojacreme
2 Lorbeerblätter

1. Schneid deine Brötchen so klein, wie es geht, und schmeiß sie in eine Schüssel. Erwärme den Sojadrink und gieß ihn über deine Brötchenstücke. Petersilienblättchen hacken und zwei Drittel davon mit Röstzwiebeln, Sonnenblumenöl, Hefeflocken, Muskat und 1 TL Salz ebenfalls in die Schüssel werfen. Alles vermengen und 10 Min. ziehen lassen.
2. Inzwischen deine Champignons und die Zwiebeln klein schneiden. In einer großen Pfanne ½ EL Margarine erhitzen. Darin die Champignons und Zwiebeln ordentlich goldig braten, dann auf einen Teller schmeißen.
3. In der Pfanne übrige Margarine (2 EL) erhitzen. Mehl unterrühren und mit Brühe und Sojacreme aufschütten. Gut rühren, Lorbeerblätter dazugeben und die Sauce bei mittlerer Hitze 10 Min. köcheln lassen. Pilze und Zwiebeln untermischen und die Pilzsauce auf der ausgeschalteten Herdplatte warm halten.
4. Während die Sauce kocht, aus deiner Brötchenmasse mit angefeuchteten Händen acht Knödeln formen. Schmeiß diese dann in reichlich siedendes Wasser und lass sie in 15 Min. gar ziehen.
5. Schnapp dir tiefe Teller. Sauce drauf. Knödel drauf. Restliche Petersilie on top und genießen.
Guten!

HACK!

BRÖTCHEN FÜR KNÖDEL können ruhig ein paar Tage alt sein. Sie werden durchs Einweichen im warmen Sojadrink wieder schön weich. Je nach Brötchensorte musst du eventuell noch ein wenig mehr Flüssigkeit hinzufügen, als im Rezept angegeben ist.

KÖTTBULLAR

In vegan und 100 % schmackofatz

FÜR 4 PORTIONEN
Zubereitung: 1 Std. 15 Min.

250 g braune Champignons
1 Zwiebel
1 Bund Petersilie
3 EL Öl
1 EL Knoblauchpulver
½ EL Tomatenmark
110 ml Sojasauce
80 g zarte Haferflocken
250 g Linsen (aus der Dose)
1 kg mehligkochende Kartoffeln
Salz
230 ml Sojadrink
4 EL Margarine
1 TL frisch geriebene Muskatnuss
2 EL Mehl
600 ml Gemüsebrühe
500 ml aufschlagbare Sojacreme
4 Lorbeerblätter

1. Schneid die Champignons, die Zwiebel und die Petersilienblättchen in klitzekleine Stücke. Erhitze 1 EL Öl in einer Pfanne. Schmeiß deine vorbereiteten Zutaten mit Knoblauchpulver, Tomatenmark und 1 EL Sojasauce dazu. Brate alles bei mittlerer Hitze in 5–7 Min. schön goldig.
2. Schmeiß zwischendurch deine Haferflocken in einen Hochleistungsmixer und zerkleinere sie zu Mehl. Gieß deine Linsen ab und matsche sie mit einer Gabel klein. Heize den Backofen auf 190° vor und beleg ein Backblech mit Backpapier.
3. Gib jetzt dein Hafermehl und deine Linsen zur Pilzpfanne und vermenge alles gründlich. Forme aus der Masse 20 Bällchen, leg sie auf das Blech und bepinsle sie mit dem übrigen Öl (2 EL). Dann ab in die Röhre (Mitte) und 20 Min. backen.
4. Schneid in der Zeit die geschälten Kartoffeln in kleine Stücke und koche sie 15 Min. in Salzwasser. Abschütten und abtropfen lassen, durch eine Kartoffelpresse drücken. Rühre den Sojadrink, 2 EL Margarine, Muskat und 2 TL Salz unter. Püree warm halten.
5. Jetzt kannst du in einer Pfanne die restliche Margarine (2 EL) erhitzen. Zuerst das Mehl, dann Gemüsebrühe und Sojacreme unterrühren. Schmeiß deine übrige Sojasauce (100 ml) und die Lorbeerblätter rein. Aufkochen lassen.
6. Deine veganen Köttbullar in die Sauce legen und kurz darin ziehen lassen, dann mit dem Kartoffelpü servieren.
Guten!

FOOD FACTS

DIE SCHWEDISCHEN FLEISCHBÄLLCHEN »Köttbullar« sollen auf einem Rezept basieren, das König Karl XII. (18. Jahrhundert) aus dem Osmanischen Reich mit ins Land gebracht hat. Womit sie einen türkischen Ursprung hätten, der die Ähnlichkeit zu Köfte erklären würde.

PICKNICK-PARTY

Das ist dein Zeichen, ein kleines Picknick zu genießen: allein mit kuschligen Decken auf dem Balkon oder Sofa oder mit best Friends auf Matten im Garten. Wie auch immer. Schnapp dir ein paar Köstlichkeiten, gute Musik und los geht's. Hier eine Auswahl meiner liebsten Picknick-Food-Kombis: Räuchermöhren auf knackigem Baguette und Sommerrollen mit köstlichem Erdnussdip. Enjoy!

UNSCHLAGBARE RÄUCHERMÖHREN

Unfassbar! Schmeckt wie Lachs, sind aber Möhren!

FÜR 2 PORTIONEN
Zubereitung: 25 Min.
Marinieren: 1 Std.

3 Möhren
½ Nori-Blatt
1 Bund Dill
5 TL Liquid Smoke
3 TL Sojasauce
2 TL Ahornsirup
2 TL Weißweinessig
2 TL Olivenöl
3 EL Kapern
Salz
Pfeffer

1. Schnapp dir einen Sparschäler und die Möhren. Nachdem du die geschält hast, »schneidest« du sie mit dem Schäler längs in dünne Scheiben. Jetzt kannst du den Bums im Dampfgarer in 8 Min. weich garen. (Alternativ ein Sieb in einen passenden Topf mit etwas Wasser setzen und darin die Möhren dämpfen, dabei den Deckel auflegen.)
2. In der Zeit kannst du dein Nori-Blatt so fein hacken, wie es nur geht. Danach den Dill grob hacken. Gib das Gehackte in eine Schüssel und schmeiß den ganzen restlichen Kram dazu. Von Salz und Pfeffer nimmst du jeweils ½ TL.
3. Gib deine weich gedämpften Möhrenscheiben zu deiner Marinade. Abkühlen und mind. 1 Std. ziehen lassen, dann genießen. PS: Umso länger du die Möhren marinierst, desto besser schmecken sie!
Guten!

DE LUXE

FÜR EIN XL-SANDWICH ½ Baguette aufschneiden, die Schnittflächen mit Olivenöl beträufeln und in der Pfanne »toasten«. Schmier dann auf die untere Hälfte dick veganen Frischkääse und gib deine Räuchermöhren und etwas frisch gehackten Dill on top. Den Baguettedeckel auflegen und andrücken, reinbeißen. Schmackofatz!

MEGA-MOZZI

Mein Güte ist der traumhaft!

FÜR 4 PORTIONEN
Zubereitung: 30 Min.
(ohne Auskühlzeit)
Einweichen: 8 Std.

200 g Cashewkerne
250 g Sojaghurt
2 EL Hefeflocken
3 EL Tapiokastärke
Salz
12 g Agar-Agar
1 ½ EL Olivenöl
400 g Tomaten
4 große Stängel Basilikum
1 Schuss Balsamico-Creme
Pfeffer

1. Schmeiß deine Cashewkerne in eine Schüssel, gib reichlich Wasser drauf und lass sie über Nacht soaken (mind. 8 Std.).
2. Am nächsten Tag schüttest du die Cashewkerne in ein Sieb und lässt sie abtropfen. Gib sie dann mit Sojaghurt, Hefeflocken, Tapiokastärke und 1 TL Salz in einen Hochleistungsmixer und lass alles schön glatt laufen.
3. In einem Topf 130 ml Wasser und das Agar-Agar aufkochen und 2 Min. kochen lassen. Dann die Hitze klein stellen und den Cashew-Mix unterrühren. So lange weiterrühren, bis die Masse schön dick und zäh wird. Das kann gute 10 Min. dauern.
4. Dann den Bums in ein mit Olivenöl (½ EL) bestrichenes Schälchen geben und gut auskühlen lassen.
5. Schneid die Tomaten in Scheiben oder Spalten, Basilikumblättchen ganz lassen oder grob zerzupfen. Den Mozzi aus dem Schälchen stürzen, in Scheiben schneiden und auf einem großen Teller mit Tomaten und Basilikum wie eine Caprese anrichten. Mit dem übrigem Olivenöl (1 EL) und der Balsamico-Creme beträufeln, salzen und pfeffern.
Guten!

HACK!

MINI STATT MEGA: Für Mini-Mozzi formst du mit einem Teelöffel aus der heißen Cashewmasse nach und nach kleine Mozzi-Kugeln, die du zum Abkühlen in kaltes Wasser wirfst. Die Kugeln dann nochmals nachformen, in ein Sieb abschütten und abtropfen lassen.

EASY-HOMEMADE-BAGUETTE

Selbst gemacht ist einfach besonders lecker

FÜR 1 BAGUETTE (CA. 15 SCHEIBEN)
Zubereitung: 10 Min.
Ruhen: 1 Std. 30 Min.
Backen: 50 Min.

7 g Trockenhefe
550 g Mehl (plus noch etwas mehr zum Draufstreuen)
Salz
280 g Oliven (schwarz oder grün, ohne Stein)
1 TL getrockneter Thymian

1. Trockenhefe in 350 ml lauwarmem Wasser auflösen. Mehl und 1 TL Salz ab in die Rührschüssel der Küchenmaschine. Mit dem Knethaken vermengen, dabei Hefewasser dazuschütten. So lange kneten, bis der Teig glatt ist. Nun den Teig abgedeckt 1 Std. 30 Min. an einem warmen Ort ruhen und gehen lassen.
2. Dann den Backofen auf 240° vorheizen. Deine Oliven in dünne Scheiben schneiden und mit dem Thymian zum Teig geben, unterkneten.
3. Nicht erschrecken, der Teig lässt sich nicht formen. Darum brauchst du entweder eine Baguetteform oder du bastelst dir aus Alufolie eine: auf die beiden äußeren Längsseiten eines Backblechs jeweils ausreichend Alufolie knüllen (ca. 9 cm breit und mind. 5 cm hoch), sodass sich in der Mitte eine tiefe Mulde bildet. Die Mulde legst du mit Backpapier aus.
4. Jetzt deinen Teig in die Baguetteform oder die vorbereitete Mulde geben. Obendrauf etwas Mehl streuen, für die Optik. Den Rost in den Ofen (unten) schieben und eine ofenfeste Form oder Schüssel mit Wasser daraufstellen. Jetzt dein Baguette dazuschieben (Mitte) und 50 Min. backen.
Guten!

HACK! DU WILLST EINE crazy rosa Kruste haben? Dann tausch einfach 70 ml Wasser durch Rote-Bete-Saft aus. Außerdem kannst du aus dem Hefeteig bei gleicher Hitze mit weniger Backzeit auch Brötchen (17 Min.) oder mehrere kleine Baguettes (30 Min.) machen.

KRÄUTER-KNOBLAUCH-KONFIT

Mega-Geschenk, perfekt auf Brot und Pizza

FÜR 1 GLAS (CA. 450 ML)
Zubereitung: 10 Min.
Garen: 40 Min.

3 Knollen Knoblauch
2 Zweige Thymian
2 Zweige Rosmarin
2 Lorbeerblätter
Salz
Pfeffer
400 ml Olivenöl

1. Deine Knoblauchzehen von den Knollen brechen, schälen und in einen kleinen Topf schmeißen. Gib die Thymianzweige, die Rosmarinzweige und die Lorbeerblätter dazu sowie auch 2 TL Salz und 1 TL Pfeffer.
2. Jetzt das Olivenöl in den Topf schütten. Es soll den Knoblauch gerade so bedecken. Das Ganze nun 40 Min. unter 100° ziehen lassen. Mach dafür die Herdplatte auf kleinster Stufe an.
3. Schnapp dir ein gründlich gesäubertes Schraub- oder Einmachglas und befüll es mit dem Knoblauch-Kräuter-Bums. Abkühlen lassen. Deckel drauf. Genießen! Das Konfit hält sich im Kühlschrank 2–4 Wochen (je nachdem wie sauber du arbeitest). Du hast also etwas länger was davon.
Guten!

HACK!

KNOBLAUCHSCHÄLEN LEICHT GEMACHT: Wenn du Knoblauchzehen in einer Schüssel oder einem Glas mit Deckel ordentlich schüttelst, also richtig kräftig, löst sich die Schale von allein und du sparst Zeit!

VIEL ZU KRASSES KNOBLAUCH-NAAN

So easy und verdammt fluffig

FÜR 4 STÜCK
Zubereitung: 20 Min.

- 200 g Mehl (plus noch etwas mehr zum Arbeiten)
- ½ EL Backpulver
- Salz
- 4 EL Sojaghurt
- 4 EL Margarine
- 2 Knoblauchzehen

1. Schmeiß dein Mehl, dein Backpulver und ½ EL Salz in eine Schüssel und vermische alles. Jetzt kommt noch der Sojaghurt dazu, dann mit der Hand das Zeug vermengen.
2. Den Teig in vier Portionen teilen. Jede Teigportion mit ordentlich Mehl an den Fingern rund formen und platt drücken, so etwa 1 ½ cm dick sollen die Teigfladen sein.
3. In einer großen Pfanne 1 TL Margarine erhitzen. Dann 1 Teigfladen reinhauen und von beiden Seiten ordentlich anbraten (das dauert pro Seite 2–3 Min.). Die anderen Fladen wie gerade beschrieben ebenfalls braten.
4. Jetzt schneidest du noch die Knoblauchzehen in dünne Scheiben und schmeißt sie mit der übrigen Margarine (2 EL) in die noch heiße Pfanne. Erhitzen, kurz ziehen lassen, die Naan-Brote damit bestreichen.
Guten!

DE LUXE

FEIN GEFÜLLTES NAAN: Leg in die Mitte jedes Teigfladens 1 kleines Stück veganen Kääse und klapp eine Teighälfte darüber. Die nun halbmondförmigen Fladen flach drücken und anschließend wie oben beschrieben braten. Fertig ist dein gefülltes Naan!

GESCHMACKSEXPLOSION: BABA GANOUSH

Mein orientalischer Lieblingsdip

FÜR 4 PORTIONEN
Zubereitung: 15 Min.
Backen: 50 Min.

2 Auberginen
3 EL Olivenöl
1 EL Sesamöl
1 kleine Knoblauchzehe
2 EL Zitronensaft
2 EL Tahin (Sesampaste)
1 TL gemahlener Kreuzkümmel
Salz
Pfeffer
5 Stängel Petersilie
1 Handvoll Granatapfelkerne
1 Prise Chiliflocken

1. Erst mal den Backofen auf 240° vorheizen und ein Backblech mit Backpapier auslegen. Dann stichst du deine Auberginen mit einer Gabel rundherum mehrmals ein. Schmeiß die Dinger aufs Blech und schieb sie für 50 Min. in den Ofen (Mitte), dabei nach 25 Min. drehen. Die Schale soll überall schön runzelig werden.
2. Jetzt die Auberginen längs halbieren. Mit einem Löffel das Fruchtfleisch rauslöffeln und direkt in den Hochleistungsmixer geben. 2 EL Olivenöl, Sesamöl, Knoblauch, Zitronensaft, Tahin, Kreuzkümmel, 1 TL Salz und 1 Prise Pfeffer dazuwerfen. Alles auf höchster Stufe glatt pürieren.
3. Baba Ganoush auf einem großen flachen Teller verstreichen. Petersilienblättchen grob hacken und mit deinen Granatapfelkernen draufschmeißen.
4. Jetzt noch das übrige Olivenöl (1 EL) als Garnitur über den Dip geben und auch die Prise Chiliflocken.
Guten!

DE LUXE

KLASSISCH MIT RAUCHAROMA: Ursprünglich werden die Auberginen fürs Baba Ganoush auf einem Holzkohlegrill oder über dem offenen Feuer gegart. Das gibt dem Ganzen megaköstliche Raucharomen. Wenn du also die Chance hast: Es lohnt sich sehr!

ROSAS ROTKOHLHUMMUS

Sieht nicht nur gut aus, schmeckt fantastisch!

FÜR 4 PORTIONEN
Zubereitung: 15 Min.
Backen: 15 Min.
Abkühlen: 30 Min.

100 g Rotkohl
2 TL Olivenöl
2 TL Sesamöl
150 g Kichererbsen (aus der Dose)
70 ml Zitronensaft
3 EL Tahin (Sesampaste)
1 Knoblauchzehe
1 Prise Chilipulver
Salz
Pfeffer

1. Gleich mal den Backofen auf 220° vorheizen und ein Backblech mit Backpapier auslegen. Deinen Rotkohl in Scheiben schneiden, aufs Blech legen und mit 1 TL Olivenöl einreiben. Für 15 Min. in die Röhre (Mitte) schmeißen, rausnehmen und 30 Min. abkühlen lassen.
2. Dann deinen Rotkohl sowie alles andere (bis auf das übrige Olivenöl) in einen Hochleistungsmixer geben und pürieren. Wenn du Bock hast, lass noch ein paar Kichererbsen übrig und schmeiß sie am Ende obendrauf. Sieht nice aus!
3. Probier mal, ob dein Hummus noch etwas mehr Salz oder Zitronensaft braucht. Wenn ja, nachwürzen. Wenn nein, das Ganze mit dem übrigen Olivenöl (1 TL) on top servieren.
Guten!

DE LUXE

SERVIERE DEINEN HUMMUS auf einem hübschen Blechtablett im orientalischen Stil. Leg rundherum gegrilltes buntes Gemüse, ein paar Zitronenscheiben und Fladenbrot. Streu zum Schluss noch Sesam oder Schwarzkümmel drüber. They will love you!

CSD

SUPERGEILE SOMMERROLLEN

Frisch, knackig, Mega-Snack!

FÜR 12 STÜCK
Zubereitung: 35 Min.

400 g Räuchertofu
5 EL Sesamöl
6 EL Sojasauce
2 EL Ahornsirup
1 EL Sesam
1 Möhre
1 Paprika
½ Salatgurke
1 Römersalatherz
200 g Glasnudeln
4 EL Rote-Bete-Saft
12 Reispapierblätter (à ca. 22 cm Ø)
12 EL Hoisin-Sauce
1 Bund Koriandergrün
1 Bund Minze

1. Schneid den Tofu in 24 Scheiben, knall ihn mit 1 EL Sesamöl in eine Pfanne und bruzzle ihn, bis er goldig ist. Jetzt schmeißt du 4 EL Sojasauce, 2 EL Sesamöl, Ahornsirup und Sesam dazu. Den Tofu kurz in der Sauce schwenken, beiseitestellen.
2. Schneid deine Möhre, Paprika und Salatgurke in möglichst dünne Streifen. Trenne die Blätter vom Römersalat ab.
3. Glasnudeln mit heißem Wasser übergießen, 3 Min. quellen lassen. Abschütten, mit Rote-Bete-Saft vermengen, dann übriges Sesamöl (2 EL) und restliche Sojasauce (2 EL) untermischen.
4. Jetzt nach und nach Reispapierblätter ca. 1 Min. in lauwarmes Wasser tauchen, auf die Arbeitsfläche legen und mit 1 Salatblatt, 1 TL Hoisin-Sauce, 2 Tofuscheiben, etwas Gemüse, Nudeln und Kräuterblättchen belegen. Seiten einschlagen, aufrollen.
Guten!

FÜR MICH IST DER CSD (Christopher Street Day) eine ganz besondere Demo. Früher habe ich es nie verstanden, wieso Menschen, die akzeptiert werden wollen, so viel Aufmerksamkeit auf sich ziehen möchten. Aber genau darum geht's. Wir müssen auffallen und mitreißen. Denn wir möchten angenommen werden wie jede andere Person da draußen auch, egal welche Sexualität oder welche Identität wir haben. Be proud of who you are! Und weil der CSD so schön bunt ist, gibt es auch bunte Sommerrollen für euch.

FÜR MICH IST QUEERE REPRÄSENTATION SUPERWICHTIG. DESHALB FREUE ICH MICH HIER AUCH DERBE ÜBER EINEN REGENBOGEN-ZEBRASTREIFEN IN »THE CASTRO«, EINEM STADTVIERTEL VON SAN FRANCISCO.

DEIN PERFEKTER SOMMERROLLENDIP

Nussig, herzhaft, würzig

FÜR 12 SOMMERROLLEN
Zubereitung: 10 Min.

- 1 Stück Ingwer (4 cm lang)
- 2 Knoblauchzehen
- 2 Frühlingszwiebeln
- 4 EL Erdnussmus
- 4 EL Sesamöl
- 4 EL Sojasauce
- 2 TL Sesam
- 2 Prisen Chiliflocken

1. Reibe deinen Ingwer und Knoblauch fein. Du kannst beides aber auch mit einem Messer möglichst fein hacken. Schneid deine Frühlingszwiebeln in feine Ringe.
2. Schnapp dir eine kleine Schüssel und schmeiß alle Zutaten, bis auf die Frühlingszwiebeln, hinein. Verrühren.
3. Nun deine in feine Ringe geschnittenen Frühlingszwiebeln auf den Dip legen und servieren.
Guten!

FOOD FACTS

REINES ERDNUSSMUS BESTEHT aus 100 % Erdnüssen und ist perfekt zum Verfeinern von Gerichten. Dagegen enthält die typische Erdnusscreme, auch als Peanut Butter bekannt, neben Erdnüssen zusätzlich noch raffinierten Zucker und gehärtete Pflanzenöle.

POPULÄRE PIZZAMUFFINS

Kleine Klassiker lieben wir doch alle, oder?

FÜR 1 24ER-MINI-MUFFIN-FORM (24 STÜCK)
Zubereitung: 30 Min.
Ruhen: 50 Min.
Backen: 25 Min.

- 60 ml Sojadrink
- 20 g frische Hefe
- 6 EL Olivenöl
- ½ TL getrockneter Oregano
- ½ TL getrockneter Thymian
- Salz
- 250 g Mehl (plus noch etwas mehr zum Arbeiten)
- 200 g Passata (Tomatenpüree)
- ½ Paprika
- 50 g eingelegte Artischocken
- 40 g Maiskörner (aus der Dose)
- 150 g veganer Streukääse
- 2 Knoblauchzehe

1. Verrühre deinen Sojadrink mit 90 ml heißem Wasser, sodass er lauwarm wird (bitte auf jeden Fall unter 40°). Bröckle deine Hefe dazu und lass den Ansatz 3 Min. stehen. Dann 1 EL Olivenöl, Oregano, Thymian und ½ TL Salz unterrühren.
2. Schnapp dir die Rührschüssel der Küchenmaschine, gib das Mehl hinein. Gieß dein Kräuter-Hefe-Gebräu dazu und verknete alles 10 Min. mit dem Knethaken zu einem glatten Teig. Abgedeckt an einem warmen Ort 40 Min. ruhen und gehen lassen.
3. Deinen Hefeteig jetzt auf der gut bemehlten Arbeitsfläche zu einem Rechteck (ca. 35 × 30 cm) ausrollen. Die Passata darauf verstreichen. Paprika und Artischocken klein schneiden und mit dem Mais auf dem Teig verteilen, mit Streukääse bestreuen.
4. Den belegten Teig der Länge nach aufrollen und dann quer in 24 Stücke schneiden. Die Pizzaschnecken in die Mulden der Muffinformen setzen, eine Schnittfläche nach oben, und weitere 10 Min. gehen lassen. Den Backofen auf 200° vorheizen.
5. Den Knoblauch fein reiben, mit übrigem Olivenöl (5 EL) verrühren und die Pizzamuffins damit bestreichen. Jetzt die Muffins in die Röhre (Mitte) schieben und 25 Min. backen.
Guten!

DE LUXE

BOCK AUF COLOUR? Dann färbe den Teig für die Pizzamuffins doch mal grün ein. Das geht ganz einfach. Du schnappst dir 2 Bund Basilikum und pürierst die Blättchen im Blitzhacker oder mit dem Pürierstab. Das Püree knetest du dann nur noch unter deinen Hefeteig.

BBQ-WINGS

Rauchig, »fleischig«, sensationell

FÜR 10 STÜCK
Zubereitung: 45 Min.
Ruhen: 2 Std.
Kochen: 45 Min.
Backen: 25 Min.

420 g Mehl
1 EL Liquid Smoke
1 EL Tomatenmark
1 TL geräuchertes Paprikapulver
1 TL Knoblauchpulver
1 Prise Zimtpulver
Salz
2 EL Bratöl
500 ml Gemüsebrühe
300 ml BBQ-Sauce
100 ml Sonnenblumenöl
5 Reispapierblätter (à ca. 22 cm Ø)

1. Um für einen Fleischersatz den Seitan herzustellen, gibst du das Mehl mit 150 ml Wasser in die Rührschüssel der Küchenmaschine. Beides mit dem Knethaken ca. 5 Min. lang kräftig verkneten. Den Seitanteig abgedeckt 1 Std. ruhen lassen.
2. Nun die Stärke aus dem Seitanteig waschen. Dafür reichlich Wasser in die Schüssel geben und darin den Teig so lange mit den Händen kneten, bis das Wasser nicht mehr trüb wird. Das Wasser dabei immer wieder auswechseln.
3. Jetzt deinen Seitan mit Liquid Smoke, Tomatenmark, den Gewürzen und 1 Prise Salz vermengen, 1 Std. ruhen lassen. Anschließend den Seitan zu einer langen Wurst rollen, diese in sich drehen und einen Knoten daraus formen.
4. Schnapp dir jetzt eine Pfanne und erhitze das Bratöl darin. Den Seitan-Knoten reingeben und auf beide Seiten knusprig anbraten. Dann die Gemüsebrühe aufschütten und abgedeckt 45 Min. bei kleiner Hitze köcheln lassen. Seitan herausnehmen, etwas abkühlen lassen, in zehn gleich große Stücke reißen.
5. Den Backofen auf 220° vorheizen und ein Backblech mit Backpapier auslegen. Deine BBQ-Sauce glatt mit dem Sonnenblumenöl verrühren.
6. Die Reispapierblätter nacheinander in lauwarmes Wasser tauchen, halbieren, nebeneinander auf die Arbeitsfläche legen und mit etwas BBQ-Sauce einpinseln. Seitan-Stücke auf den Blättern verteilen und dann das Reispapier so drum herumwickeln, dass es wie eine Wing-Form aussieht.
7. Die BBQ-Wings auf das Blech legen und mit der übrigen BBQ-Sauce bestreichen. In die Röhre (Mitte) schieben und in 25 Min. knusprig backen. Dann raus damit und genießen!
Guten!

SCHNELLE YAKITORI-SPIESSE

Würzig, rauchig, lecki

FÜR 6 STÜCK
Zubereitung: 30 Min.

1 Aubergine
1 Paprika
100 g braune Champignons
200 g Räuchertofu
6 lange Holzspieße
2 EL Bratöl
130 ml Yakitori-Sauce

1. Schneid Aubergine, Paprika, Champignons und deinen Räuchertofu in 2 ½–3 cm große Stücke und stecke sie abwechselnd auf die langen Holzspieße, sodass es jeweils eine bunte Mischung wird.
2. Schnapp dir eine große Pfanne und erhitze das Öl darin. Leg dann deine Spieße in die Pfanne und bruzzle sie 10 Min. gut an, bis sie rundherum etwas Farbe abbekommen haben.
3. Stell die Herdplatte auf mittlere Hitze und gieß deine Yakitori-Sauce über die Spieße. Spieße hin- und herwenden und die Sauce in 2–3 Min. etwas karamellisieren lassen.
4. Die Yakitori-Spieße auf einem Teller anrichten und die restliche Sauce aus der Pfanne drüberkippen.
Guten!

HACK! **STATT DES RÄUCHERTOFUS** kannst du jederzeit auch veganes Hähnchenfilet nehmen. Good to know für alle, die gerne »fleischigere« Spieße genießen wollen.

GANZ BESONDERE GRILLFACKELN

Mega-»Fleisch«-Spieße der Extraklasse

FÜR 4 PORTIONEN
Zubereitung: 35 Min.
Marinieren: 3 Std.

250 g Seitan-Fix
2 EL Mehl
2 EL Hefeflocken
3 EL Tomatenmark
3 ½ EL geräuchertes Paprikapulver
2 TL Knoblauchpulver
2 TL getrockneter Rosmarin
½ TL Zimtpulver
Salz
Pfeffer
12 lange Metallspieße (ersatzweise Holzspieße)
3 Knoblauchzehen
4 EL Olivenöl
2 EL Ahornsirup
2 EL Sojasauce
1 EL Senf
3 TL Liquid Smoke

1. Schnapp dir die Rührschüssel der Küchenmaschine und vermische dein Seitan-Fix mit Mehl, Hefeflocken, 1 EL Tomatenmark, 1 ½ EL Paprikapulver, Knoblauchpulver, Rosmarin, Zimtpulver und je 1 TL Salz und Pfeffer. Gib 200 ml Wasser hinzu und verknete alles mit dem Knethaken zu einem Seitanteig.
2. Teig in zwölf Portionen teilen und jeweils zu einer dünnen langen Wurst rollen. Jetzt machst du die Fackeln: ein Wurstende auf einen Spieß stecken und möglichst weit nach unten ziehen. Dann wickelst du die Wurst dicht um den Spieß herum und steckst das zweite Wurstende auf die Spießspitze.
3. Für eine Mega-Marinade reibst du die Knoblauchzehen und vermischst sie mit übrigem Tomatenmark (2 EL) und Paprikapulver (2 EL) sowie Olivenöl, Ahornsirup, Sojasauce, Senf, Liquid Smoke und je 1 TL Salz und Pfeffer. Schmeiß deine Spieße in die Marinade und lass sie abgedeckt mind. 3 Std. ziehen.
4. Jetzt den Grill anheizen. Die Grillfackeln aus der Marinade nehmen, auf den Grillrost legen (siehe auch HACK!) und von allen Seiten in 10 Min. knusprig grillen. Dabei immer wieder mal ganz vorsichtig wenden und mit etwas Marinade bestreichen.
Guten!

HACK!

GRILLE DIE FACKELN möglichst ohne direkten Grillrostkontakt. Bastle dir dafür Abstandhalter: aus Alufolie zwei dicke, lange Rollen formen und auf der rechten und linken Seite des Rosts platzieren. Nun die Grillfackeln mit den beiden Enden der Metallspieße so auf die Alurollen legen, dass der Seitan den Rost nicht berührt.

WITZIGES MÄTT-IGELCHEN

Kein Mett, sondern Mätt!

FÜR 4 PORTIONEN
Zubereitung: 15 Min.
Ruhen: 3 Std.

50 g Reiswaffeln
1 kleine Zwiebel
60 ml Essiggurkenwasser
1 EL Olivenöl
1 EL Tomatenmark
1 TL Senf
1 TL Liquid Smoke
1 TL getrockneter Majoran
1 TL geräuchertes Paprikapulver
1 TL Knoblauchpulver
1 Handvoll Salzstangen
3 Kapern

1. Deine Reiswaffeln klein bröseln, deine Zwiebel klein würfeln. Beides mit Essiggurkenwasser, Olivenöl, Tomatenmark, Senf, Liquid Smoke, Majoran, Paprika- und Knoblauchpulver kräftig vermengen. Das Mätt mind. 3 Std. (noch besser über Nacht!) ruhen und ziehen lassen.
2. Forme dann dein Mätt zu einem Igel. (Klingt echt seltsam, wieso machen wir so was überhaupt? lol) Stecke nun deine Salzstangen als Stacheln in den Mätt-Igel.
3. Jetzt nur noch die Kapern als Augen und Nase in den Igel stecken. Wunderbar! Ein »fleischiges« Igelchen zum Auffuttern.
Guten!

FOOD FACTS

KEIN LEBENSMITTEL HAT so hohe Infektionszahlen mit Salmonellen wie rohes Schweinemett. Also wieso nicht einmal die Alternative aus Reiswaffeln ausprobieren? Fun Fact: einfach ein paar Mettbrötchen schmieren und sie deinen Liebsten untermogeln. Werden sie den Unterschied merken? Who knows.

RAL COAST

FÜR SÜSSE MÄUSE

Jetzt mal ehrlich, so 'n schönes Dessert ist doch echt was wirklich Feines, oder? Und genau darum kannst du jetzt in herzerwärmenden Süßspeisen und ein paar superklasse Mitbringseln schwelgen. Ob zaugeiler Zupfkuchen, Erdnuss-Energyballs oder grandiose Germknödel, hier ist für jede süße Maus etwas dabei. Deck den Tisch, koch den Kaffee und schwing den Löffel. Let's go!

MACADAMIA-MONSTERCOOKIE

Mega-Keks trifft Königin der Nüsse

FÜR 4 PORTIONEN
Zubereitung: 15 Min.
Backen: 30 Min.

- 100 g gesalzene Macadamianusskerne
- 125 g weiche Margarine (plus noch etwas mehr für die Form)
- 130 g brauner Zucker
- 100 g weißer Zucker
- 90 ml Vanille-Sojadrink
- Salz
- 340 g Mehl
- 2 TL Backpulver
- 100 g vegane Schokoladentropfen

1. Zuerst mal den Backofen auf 175° vorheizen. Schmeiß dann deine Macadamianusskerne auf das Backblech und schieb sie in die Röhre (Mitte). Röste sie in 6–8 Min. goldig. Herausnehmen und auskühlen lassen.
2. Margarine und beide Sorten Zucker in eine Schüssel geben und mit den Rührbesen des Handrührgeräts cremig rühren. Sojadrink und ½ TL Salz unterrühren, dann das Mehl und das Backpulver rein und alles kurz vermengen.
3. Ein paar Macadamias und Schokotropfen zur Seite legen, um sie am Ende auf dem Cookie zu verteilen. Den Rest in den Teig schmeißen und kurz untermischen.
4. Schnapp dir jetzt eine Pfanne aus Gusseisen oder eine runde Auflaufform (ca. 20 cm Ø) und fette sie ein. Gib den Cookieteig in die Pfanne oder die Form, die restlichen Nüsse und Schokotropfen kommen on top.
5. Monstercookie für 30 Min. in den Ofen (Mitte) schieben. Dann kannst du auch schon loslöffeln und das noch warme Nuss-Schoko-Cookie genießen.
Guten!

DE LUXE

ZUM ABSOLUTEN DESSERTTRAUM wird dieses dicke Monstercookie, das fast schon eher ein Kuchen ist, wenn du es mit veganer Eiscreme und ein paar Früchten servierst! Ich liebe Vanilleeis mit frischen Erdbeeren oder Sauerkirschen aus dem Glas zum Cookie. Aber es schmeckt natürlich auch jede andere Kombi.

WALNUSS-BROWNIE

Wunderbar, schokoladig, saftig, nussig

FÜR 4 PORTIONEN
Zubereitung: 15 Min.
Backen: 30 Min.

200 g vegane Zartbitter-Kuvertüre
100 g Walnusskerne
140 g Mehl (plus noch etwas mehr für die Form)
120 g Zucker
2 EL Kakaopulver
½ TL Backpulver
Salz
240 ml Vanille-Sojadrink
70 ml Öl (plus noch etwas mehr für die Form)

1. Hacke deine Zartbitter-Kuvertüre in grobe Stücke, gib sie in eine kleine Schüssel und schmelze sie bei kleiner Hitze in einem heißen Wasserbad. Hacke deine Walnüsse in Stückchen.
2. Heize den Backofen auf 180° vor. In einer großen Schüssel Mehl, Zucker, Kakao, Backpulver und ½ TL Salz vermischen. Vanille-Sojadrink und Öl dazugeben und alles kurz mit den Rührbesen des Handrührgeräts verrühren.
3. Nun die geschmolzene Kuvertüre zum Teig geben und wieder alles kurz vermengen. Deine gehackten Nüsse untermischen.
4. Eine Auflaufform (ca. 25 × 20 cm) einölen und mit Mehl ausstreuen oder alternativ mit Backpapier auskleiden. Den Teig einfüllen und glatt streichen.
5. Den Walnuss-Brownie 30 Min. im Ofen (Mitte) backen. Dann die Form aus dem Ofen nehmen und den Brownie abkühlen lassen. Jetzt Stücke aus dem Brownie schneiden und genießen.
Guten!

HACK! **ÄNDERE DEN GESCHMACK**, indem du statt der Walnüsse auch mal Mandeln, Haselnüsse, Erdnüsse oder Paranüsse verwendest. Oder die Nüsse durch Dosenfrüchte wie Schattenmorellen, Aprikosen, Mandarin-Orangen oder Pfirsiche ersetzen. Sei einfach kreativ!

BANANA CHOC CUPCAKES

Schockverliebt in diese Schokodinger

FÜR 1 12ER-MUFFIN-FORM (12 STÜCK)
Zubereitung: 30 Min. (ohne Auskühlzeit)
Backen: 20 Min.

- 12 Muffin-Papierförmchen
- 3 vollreife Bananen
- 60 ml Öl
- 520 ml Sojadrink
- 90 g Zucker
- 2 EL Kakaopulver
- 290 g Mehl
- 2 TL Backpulver
- 2 Handvoll vegane Chocolate-Chips
- ½ Pck. Vanille-Puddingpulver (ca. 20 g)
- 250 g weiche vegane Butter
- 2 Prisen gemahlene Vanille

1. Zuerst mal den Backofen auf 160° vorheizen und die Papierförmchen in die Mulden von deiner Muffinform setzen.
2. In einer großen Schüssel Bananen mit einer Gabel cremig matschen. Öl, 270 ml Sojadrink, 70 g Zucker und Kakao hinzugeben und mit den Rührbesen des Handrührgeräts unterrühren. Dann noch zügig dein Mehl und dein Backpulver unterrühren, zuletzt auch die Chocolate-Chips.
3. Verteile den Teig gleichmäßig in den Mulden deiner Muffinform. Im Ofen (Mitte) 20 Min. backen, herausnehmen und auskühlen lassen.
4. Fürs Topping aus Vanille-Puddingpulver, restlichem Sojadrink (250 ml) und übrigem Zucker (20 g) nach Packungsanweisung einen Pudding kochen und zimmerwarm abkühlen lassen.
5. Die vegane Butter (sie muss Zimmertemperatur haben!) mit den Rührbesen des Handrührgeräts aufschlagen, bis sie ganz hell und cremig geworden ist. Jetzt nach und nach den zimmerwarmen Pudding hinzugeben, dabei die Buttercreme weiter aufschlagen. Zum Schluss gibst du noch die Vanille dazu.
6. Jetzt die Buttercreme in einen Spritzbeutel mit Sterntülle (die ist für die Optik einfach perfekt) füllen und als Hauben auf die Muffins spritzen. Falls du weder Spritzbeutel noch Tülle hast, verteile die Creme einfach mit einem Löffel auf den Muffins.
7. Stell deine Banana Choc Cupcakes in den Kühlschrank oder an einen kalten Ort und lass die Creme fest werden.

Guten!

ERDNUSS-ENERGYBALLS

Kraftvoller Snack für nervige Homeoffice-Tage

FÜR 25 STÜCK
Zubereitung: 30 Min.

120 g zarte Haferflocken
2 EL geschrotete Leinsamen
3 EL Vanille-Proteinpulver
130 g Erdnussbutter
100 g Apfelmus
Salz
50 g vegane Zartbitter-Kuvertüre

1. Wirf deine Haferflocken und deinen Leinsamen in einen Hochleistungsmixer und zerkleinere das Zeug zu grobem Mehl. In eine große Schüssel umfüllen.
2. Gib Proteinpulver, Erdnussbutter, Apfelmus und 1 Prise Salz mit in die Schüssel. Alles mit den Händen gut vermengen.
3. Jetzt hackst du deine Zartbitter-Kuvertüre klein und knetest sie unter die Haferflocken-Erdnuss-Masse.
4. Aus der Masse 25 Bällchen (à ca. 3 cm Ø) formen und ab in den Kühlschrank damit. Kalt schmecken sie einfach noch besser. Dann nach Lust und Laune genießen! Die Erdnuss-Energyballs halten sich gekühlt 2–5 Tage frisch.
Guten!

DE LUXE

SCHOKOLADIGE EXTRANOTE GEWÜNSCHT? Schmeiß einfach 2 EL Kakaopulver in eine kleine Schüssel und wälze deine Erdnuss-Energyballs in dem braunen Puder. Oder du gibst den Kakao in ein feines Sieb und coatest die Bällchen auf diese Weise. So oder so sieht das nicht nur schön aus, es gibt den energiegeladenen Balls noch mehr Schokoaroma. I love it!

SCHNUCKER-SCHOKI-BANANEN-KROSSIES

Würzig, fruchtig, knackig

FÜR 30 STÜCK
Zubereitung: 20 Min.

- 200 g vegane Zartbitter-Kuvertüre
- 1 TL Kokosöl
- 1 Msp. Zimtpulver
- 40 g Bananenchips
- 70 g Cornflakes
- 1 Msp. Lebkuchengewürz

1. Hacke deine Zartbitter-Kuvertüre in grobe Stücke und gib sie mit deinem Kokosöl in eine große Schüssel. Schmelze beides bei kleiner Hitze in einem heißen Wasserbad, dabei regelmäßig umrühren und den Zimt hinzufügen.
2. Während Kuvertüre und Kokosöl schmelzen, kannst du deine Bananenchips klein hacken.
3. Die Schüssel aus dem Wasserbad holen. Bananenchips, Cornflakes und Lebkuchengewürz in die Schüssel geben und alles so lange vermengen, bis Chips und Flakes ganz mit Kuvertüre überzogen sind.
4. Ein Backblech mit Backpapier oder einer Backmatte auslegen. Schoki-Bananen-Masse mit zwei Teelöffeln als kleine Häufchen aufs Blech setzen. Krossies jetzt noch fest werden lassen, fertig.
Guten!

FOOD FACTS

SCHOKOLADE UND KUVERTÜRE - gibt es da wirklich einen Unterschied? Yes! Kuvertüre muss mindestens 31 % hochwertige Kakaobutter enthalten, bei Schokolade sind es dagegen nur 18 %. Somit enthält Kuvertüre mehr Fett, ist deswegen nach dem Schmelzen etwas flüssiger als Schokolade und lässt sich so viel angenehmer und geschmeidiger verarbeiten.

CHOCOLATE CHIP COOKIES

Chewy und XXL: absolut geilo!

FÜR 10 STÜCK
Zubereitung: 25 Min.
Tiefkühlen: 50 Min.
Backen: 28 Min.

---

120 g Margarine
90 g Zuckerrübensirup
145 g brauner Zucker
60 ml Sojadrink
230 g Mehl
½ TL Backpulver
Salz
1 Msp. gemahlene Vanille
150 g vegane Zartbitter-Kuvertüre

1. Schmelze die Margarine in einem Topf und zieh den dann von der Herdplatte. Knall den Zuckerrübensirup, den braunen Zucker und den Sojadrink rein. Alles kurz vermengen.
2. In einer großen Schüssel vermischst du dein Mehl mit Backpulver, 1 TL Salz und der Vanille. Jetzt dein Zuckergemisch hinzugeben und untermengen. Teig auf einen großen flachen Teller streichen und ca. 50 Min. ins Tiefkühlfach stellen.
3. Dann heizt du den Backofen auf 185° vor, das Backblech mit Backpapier auslegen. Die Kuvertüre hackst du grob.
4. Schmeiß 100 g gehackte Kuvertüre auf deinen kalten Teig und drück die Schokostückchen rein. Nimm dir 'nen großen Löffel und gib damit – mit viel Abstand – fünf Kleckse Teig aufs Blech, streu die Hälfte der übrigen Kuvertüre drüber. Backe die Cookies im Ofen (Mitte) 14 Min., dann ziehst du sie vom Blech. Jetzt wie beschrieben noch weitere fünf Cookies backen.
5. Nicht erschrecken, die Cookies dürfen ruhig »not fully baked« sein. Sie sollen schließlich schön klietschig und amerikanisch schmecken. Gut auskühlen lassen und genießen.
Guten!

DE LUXE

ECHT KRASS KÖSTLICH: Hacke 1 Handvoll Nusskerne deiner Wahl klein und gib sie mit in den Teig. Vor allem gesalzene Macadamia schmecken super! Finde ich zumindest. Aber auch gesalzene geröstete Erdnüsse passen 1 a. Oder … Ach, probier einfach aus.

LIEBLINGS-ERDBEER-RHABARBER-CRUMBLE

Schmackofatz-Faktor 1 000

FÜR 4 PORTIONEN
Zubereitung: 15 Min.
Backen: 30 Min.

80 g weiche Margarine
85 g Zucker
1 Msp. gemahlene Vanille
1 Msp. Zimtpulver
Salz
50 g zarte Haferflocken
80 g Roggenmehl
700 g Rhabarber
250 g Erdbeeren
2 EL Speisestärke
50 g Mandelsplitter

1. Schnapp dir eine Schüssel und vermenge darin kurz deine Margarine mit 70 g Zucker, Vanille, Zimt und 1 Prise Salz. Die Haferflocken und das Roggenmehl hinzugeben und alles nur so lange mischen, bis schöne Streusel entstanden sind. Kalt stellen.
2. Den Backofen auf 180° vorheizen. Den Rhabarber und die Erdbeeren klein schneiden. Beides in eine runde Auflaufform oder eine ofenfeste Pfanne (jeweils ca. 22 cm Ø) geben.
3. Deine Stärke und den restlichen Zucker (15 g) mischen und über die Früchte streuen, gut vermengen. Jetzt kommen deine Streusel auf den Früchte-Mix und auch die Mandelsplitter. Den Crumble im Ofen (Mitte) 30 Min. backen.
Guten!

DE LUXE

EIN UNSCHLAGBARER GAUMENSCHMAUS ist das Ganze, wenn du diesen herrlich fruchtigen Crumble mit Vanilleeis servierst. Süß und sauer, knusprig und cremig - die Kombi ist so was von gelungen. Ich kann nur sagen: schmackofatz, schmackofatz!

GEBURTS-
TAG

KONFETTI-SCHOKOKUCHEN

Damn, ihr müsst ihn probieren, no joke!

FÜR 1 SPRINGFORM
(22 CM Ø, 12 STÜCKE)
Zubereitung: 30 Min.
Backen: 40 Min.

---

200 g Mehl
120 g brauner Zucker
70 g Kakaopulver
3 TL Backpulver
1 Prise gemahlene Vanille
Salz
200 ml Sojadrink
90 g Apfelmus
2 EL Apfelessig
80 ml Rapsöl
300 g vegane Zartbitter-Kuvertüre
150 ml aufschlagbare Sojacreme
300 g Beeren-Mix (z. B. Heidelbeeren, Himbeeren und Erdbeeren)
1 Handvoll bunte Zuckerstreusel

1. Den Backofen auf 190° vorheizen, deine Springform mit Backpapier auslegen. Mehl, Zucker, Kakao, Backpulver, Vanille und 1 Prise Salz in einer Schüssel vermischen. Sojadrink, Apfelmus, Apfelessig und Öl unterrühren. 100 g Kuvertüre hacken und untermengen. Den Teig in die Form füllen und im Ofen (Mitte) 40 Min. backen, herausholen und in der Form auskühlen lassen.
2. Hacke die übrige Kuvertüre (200 g), gib sie in eine Schüssel und schmelze sie bei kleiner Hitze in einem heißen Wasserbad. Rühre deine Sojacreme glatt unter und schmeiß dein fertiges Topping auf den ausgekühlten Kuchen (noch in der Form).
3. Jetzt kannst du die Beeren und Streusel auf dem Kuchen verteilen. Topping fest werden lassen, Kuchen aus der Form lösen.
Guten!

ICH LIEBE ES ZU FEIERN, vor allem Geburtstage. An meinem 18. hatte ich die Chance, mir von meinem Ersparten ein kleines Auto zu kaufen oder Party zu machen, an einem Haus am See mit DJ, Band und Slush-Ice-Maschine. Ratet mal, was ich gewählt habe? Natürlich die Fete. Ich finde es so toll, wenn meine Lieblingsmenschen aufeinandertreffen, man zusammen feiert. Es gibt übrigens supersweete Geschenke, die oft nicht auf dem Radar sind. Hier sind meine drei größten Geburtstagsfreuden: ein schöner Brief, selbst gepflückte Blumen, selbst gemachter Konfetti-Schokoladenkuchen!

EIN GLÄSCHEN WEIN. ICH BIN STOLZ AUF ALL DAS HIER. UND ICH FREUE MICH SEHR, DASS DU DA BIST. WIR SOLLTEN UNS ALLE ECHT VIEL ÖFTER SELBST FEIERN. PERIOD!

HEIDELBEER-BLÄTTERTEIGTEILCHEN

Fruchtig, süß, schnell gemacht

FÜR 8 STÜCK
Zubereitung: 15 Min.
Backen: 35 Min.

- 125 g Vanille-Sojaghurt
- 1 EL Mehl
- 1 EL Zucker
- ½ Bio-Zitrone
- 1 Pck. veganer Blätterteig (ca. 24 × 40 cm, fertig ausgerollt, aus dem Kühlregal)
- 100 g Heidelbeeren
- 2 EL Ahornsirup
- 2 EL Puderzucker

1. Heize erst mal den Backofen auf 190° vor und leg ein Backblech mit Backpapier aus.
2. Schnapp dir dann eine Schüssel und schmeiß deinen Vanille-Sojaghurt, das Mehl und den Zucker rein. Alles glatt verrühren. Von der Zitrone 1 TL Schale fein abreiben, 1 EL Saft auspressen. Beides unter die Füllung mischen.
3. Entrolle den Blätterteig und schneid ihn in acht gleich große Stücke. Setz die Teigstücke nebeneinander aufs Blech. Klappe jeweils rundherum ca. 1 ½ cm Teig hoch, sodass ein kleiner Rand entsteht, und drücke dann die Ecken fest zusammen.
4. Verteile jetzt deine Füllung in der Mitte der Teigstücke und verstreiche sie bis zum Rand. Setz die Heidelbeeren hinein und bepinsle sie mit deinem Ahornsirup.
5. Dann ab mit dem Blech in den Ofen (Mitte) und die Blätterteigteilchen 35 Min. backen. Wenn die Dinger ausgekühlt sind, mit Puderzucker bestreuen und servieren.
Guten!

DE LUXE

ZUM ECHTEN HINGUCKER werden die Teilchen, wenn du sie nach dem Backen mit weiterem Obst toppst. Einfach Erdbeeren in Scheibchen schneiden, kleine Physalis halbieren, Mini-Kiwis vierteln, Himbeeren ganz lassen … und obendrauf legen. Bunt, fruchtig, lecker!

ZAUBERHAFTE ZIMTSCHNECKEN

Fluffig, saftig, zimtig

FÜR 1 SPRINGFORM
(26 CM Ø, 10 STÜCK)
Zubereitung: 35 Min.
Ruhen: 1 Std.
Backen: 40 Min.

550 ml Vanille-Sojadrink
270 g weiche Margarine (plus noch etwas mehr für die Form)
35 g frische Hefe
½ Vanilleschote
800 g Mehl (plus noch etwas mehr zum Arbeiten)
50 g weißer Zucker
Salz
150 g brauner Zucker
5 EL Zimtpulver
150 g Puderzucker

1. Erhitze in einem Topf 500 ml Sojadrink lauwarm (bitte auf jeden Fall unter 40°) und lass 120 g Margarine darin schmelzen. Hefe reinbröckeln. Vanilleschote längs aufschlitzen, das Mark herauskratzen und in den Topf geben. Alles verrühren, bis sich die Hefe aufgelöst hat.
2. In der Rührschüssel einer Küchenmaschine 600 g Mehl mit weißem Zucker und 1 TL Salz vermischen. Den Hefe-Sojadrink dazugießen und mit dem Knethaken alles zu einem glatten Teig verkneten. Abgedeckt an einen warmen Ort stellen und 40 Min. ruhen und gehen lassen.
3. Knete dann das restliche Mehl (200 g) unter den Teig. Roll den Teig auf der gut bemehlten Arbeitsfläche zu einem großen Rechteck (ca. 45 × 35 cm) aus.
4. Streiche deine übrige Margarine (150 g) gleichmäßig auf den ausgerollten Hefeteig. Streu anschließend zuerst den braunen Zucker drauf, dann den Zimt.
5. Die Teigplatte von einer Längsseite her locker aufrollen und dann quer in zehn Schnecken schneiden. Springform fetten und die Teigschnecken dicht nebeneinander hineinsetzen – Schnittkanten nach oben. Abgedeckt noch einmal 20 Min. gehen lassen.
6. Den Backofen auf 190° vorheizen. Die Teigschnecken mit 3–4 EL Sojadrink bepinseln, dann im Ofen (Mitte) 40 Min. backen. Herausnehmen und abkühlen lassen.
7. Den Puderzucker mit übrigem Sojadrink (1 EL) verrühren und den Zuckerguss gleichmäßig auf den abgekühlten Zimtschnecken in der Form verteilen. Fest werden lassen.
Guten!

JAPANISCHE MOCHI MIT EISFÜLLUNG

Der perfekte Sommersnack!

FÜR 12 STÜCK
Zubereitung: 40 Min.
(ohne Abkühlzeit)
Tiefkühlen: 20 Min.

- 150 g veganes Eis (Geschmack ganz nach Belieben)
- 50 g Puderzucker
- 150 g Klebreismehl (plus noch etwas mehr zum Arbeiten; nicht mit Reismehl verwechseln!)

1. Zuerst mal mit einem Eisportionierer oder einem Esslöffel aus dem Eis zwölf kleine Kugeln formen, diese auf einen großen flachen Teller setzen und ins Tiefkühlfach schieben.
2. Siebe den Puderzucker in eine Schüssel und vermische ihn mit dem Klebreismehl. 180 ml kaltes Wasser dazugießen und alles zu einer glatten Masse verrühren.
3. Die Masse jetzt in eine beschichtete Pfanne geben und bei kleiner bis mittlerer Hitze so lange langsam rühren, bis ein fester klebriger Teig entstanden ist (das dauert ca. 10 Min.).
4. Den Teig auf eine dick mit Klebreismehl bestäubte Arbeitsfläche geben und auf Zimmertemperatur abkühlen lassen, dann zu einer Rolle formen und in zwölf gleich große Stücke teilen.
5. Jedes Teigstück zu einem dünnen Kreis (à 8 cm Ø) drücken oder ausrollen. Auf jeden Teigkreise 1 Kugel Eis setzen und den Teig drum herumformen, Teigränder gut an- bzw. zusammendrücken. Zügig arbeiten, da das Eis sonst zu sehr schmilzt!
6. Die gefüllten Mochi auf den Teller legen und ins Tiefkühlfach geben. Die Mochi ca. 20 Min. anfrieren lassen, bis das Eis innen wieder schön fest geworden ist, dann gleich in den Mund schieben. (Oder die Mochi länger im Tiefkühlfach lassen und kurz vorm Verspeisen 5 Min. antauen lassen.)
Guten!

HACK!

LUST AUF BUNT? Den Mochiteig kann man auch ganz wunderbar einfärben, zum Beispiel mit etwas Frucht-, Matcha- oder Kakaopulver. Einfach in der Schüssel mit Puderzucker und dem Klebreismehl vermischen.

ABGEFAHRENE APFELKÜCHLEIN

Schnell gemacht – ein Mega-Mitbringsel

FÜR 1 12ER-MUFFIN-FORM (12 STÜCK)
Zubereitung: 20 Min.
Backen: 40 Min.

140 g Zucker
290 g weiche Margarine (plus noch etwas mehr für die Form)
2 TL Zimtpulver
1 Msp. gemahlene Vanille
Salz
270 g Mehl
2 große Äpfel
50 g gehackte Haselnüsse
1 Zitrone
12 Muffin-Papierförmchen

1. Gib 125 g Zucker und 190 g Margarine mit 1 TL Zimt, der Vanille und 1 Prise Salz in eine große Schüssel. Rühre alles mit den Rührbesen des Handrührgeräts schön cremig. Gib dann dein Mehl dazu und rühre weiter, bis kleine Streusel entstanden sind. In den Kühlschrank stellen.
2. Den Backofen auf 200° vorheizen. Die Äpfel schälen, vierteln, entkernen und klein schneiden. Schmeiß deine gehackten Haselnüsse dazu. Press den Saft der Zitrone aus und gib ihn auch dazu. Alles vermengen.
3. Jetzt schnappst du dir die Muffinform und steckst in jede Mulde ein Papierförmchen. Gib in alle Mulden so viele Streusel, bis die Böden damit bedeckt sind. Dann verteilst du deine Äpfel auf alle Mulden und streust die restlichen Streusel obendrauf.
4. Die Apfelküchlein im Ofen (Mitte) in 40 Min. goldig backen. Herausnehmen, kurz auskühlen lassen und aus der Form lösen. Dann übrige Margarine (100 g) schmelzen und die Küchlein damit beträufeln. Zum Schluss noch mit restlichem Zimt (1 TL) und Zucker (1 EL) bestreuen.
Guten!

DE LUXE

AM BESTEN SCHMECKEN die Küchlein mit warmer Vanillesauce. Dafür in einem kleinen Topf 125 ml Vanille-Sojamilch, 6 g Speisestärke, 1 Pck. Vanillezucker und 1 Msp. gemahlene Vanille verrühren, aufkochen lassen und servieren. Wenn du magst, kannst du zu deinen Äpfeln auch noch ein paar Rosinen dazugeben.

GRANDIOSE GERMKNÖDEL

Knödel: das Beste, was dieser Welt passieren konnte!

FÜR 8 STÜCK
Zubereitung: 40 Min.
Ruhen: 1 Std. 30 Min.
Garen: 30 Min.

---

250 ml Sojadrink
180 g Margarine
80 g Zucker
20 g frische Hefe
500 g Mehl (plus noch etwas mehr zum Arbeiten)
1 Msp. gemahlene Vanille
Salz
8 EL Pflaumenmus
5 EL gemahlener Mohn

1. Erhitze in einem Topf deinen Sojadrink lauwarm (bitte auf jeden Fall unter 40°) und lass 80 g Margarine darin schmelzen. Gib 2 EL Zucker dazu, die Hefe reinbröseln. Rühre so lange, bis sich die Hefe aufgelöst hat.
2. Schnapp dir die Rührschüssel einer Küchenmaschine und mische darin dein Mehl mit der Vanille und 1 Prise Salz. Gieß den Hefe-Sojadrink dazu und verknete alles 10 Min. mit dem Knethaken. Den Teig abgedeckt an einem warmen Ort 1 Std. ruhen und gehen lassen.
3. Dann den Teig nochmals durchkneten, in acht Portionen teilen und zu runden Teiglingen formen. Mit einem feuchten Geschirrtuch abdecken und 10 Min. gehen lassen.
4. Die Arbeitsfläche leicht bemehlen und die Teiglinge darauf flach und rund (à ca. 12 cm Ø) formen. Je 1 EL Pflaumenmus in die Mitte der Teiglinge geben. Die Teigränder leicht mit Wasser bepinseln, über die Füllung klappen und die Ränder gut verschließen. Die Teiglinge wieder mit dem Tuch abdecken und nochmals 20 Min. gehen lassen.
5. Jetzt kannst du die gefüllten Teiglinge in zwei Durchgängen, also jeweils vier Knödel, im Dampfgarer in 15 Min. gar dämpfen. (Alternativ ein großes Sieb in einen passenden Topf mit etwas Wasser setzen und darin die Germknödel dämpfen, dabei den Deckel auflegen.)
6. Übrigen Zucker (50 g) und gemahlenen Mohn vermischen, die restliche Margarine (100 g) schmelzen.
7. Die ersten fertigen Germknödel auf Teller geben, mit der Hälfte der geschmolzenen Margarine beträufeln und mit der Hälfte der Mohn-Zucker-Mischung bestreuen. Gleich essen, während die restlichen Germknödel gar dämpfen. Und die Knödel unbedingt auch mal mit Vanillesauce probieren.
Guten!

TRAUMHAFTER KAISERSCHMARRN

Kaiserlich, süß, wunderbar

FÜR 2 PORTIONEN
Zubereitung: 30 Min.

250 g Mehl
½ Pck. Backpulver
½ TL Zimtpulver
5 EL Zucker
320 ml Vanille-Sojadrink
½ EL Apfelessig
1 EL Apfelmus
2 EL Rosinen
3 EL Margarine
1 EL Puderzucker

1. In einer großen Schüssel vermischst du dein Mehl mit Backpulver, Zimt und 2 EL Zucker. Dann gießt du nach und nach deinen Sojadrink dazu, dabei rührst du mit einem Schneebesen. Wenn der Teig glatt ist, Apfelessig und Apfelmus unterrühren, die Rosinen dazuschmeißen.
2. Erhitze jetzt in einer großen Pfanne 1 EL Margarine. Gib deinen ganzen Teig in die Pfanne und verteile ihn gleichmäßig. Backe diesen riesigen Pancake bei mittlerer Hitze in 6 Min. goldig, dann wendest du ihn vorsichtig und bäckst die andere Seite auch noch mal 6 Min.
3. Jetzt kannst du deinen Pancake mit dem Pfannenwender in kleine Stücke zerrupfen. Mach dann eine Kuhle in der Mitte der Pfanne und gib deine übrige Margarine (2 EL) und den restlichen Zucker (3 EL) rein. Alles vermengen und den Kaiserschmarrn kurz karamellisieren lassen. Mit dem Puderzucker bestäuben und servieren.
Guten!

DE LUXE

KAISERLICH, SÜSS, SCHOKOLADIG: Kaiserschmarrn mit Schoko-Topping ist ein wahrer Traum! Probier's mal aus: einfach 1 Handvoll vegane Schokolade (Sorte nach Geschmack) sanft schmelzen und zum Schluss noch über den Kaiserschmarrn auf dem Teller laufen lassen.

GELIEBTER GRIESSBREI MIT KIRSCHEN

Wohltuend wärmende Kindheitserinnerung

FÜR 4 PORTIONEN
Zubereitung: 15 Min.

500 ml Vanille-Sojadrink
Salz
60 g Hartweizengrieß
300 g Schattenmorellen (aus dem Glas)
125 ml Kirschsaft (von den Schattenmorellen)
2 EL Zucker
2 EL Speisestärke

1. In einem Topf Sojadrink mit 1 Prise Salz aufkochen. Den Grieß mit einem Schneebesen nach und nach einrühren und den Brei kurz aufkochen lassen. Den Topf vom Herd nehmen und den Grießbrei 5 Min. quellen lassen.
2. In der Zeit die Kirschen in ein Sieb abschütten, dabei den Saft auffangen. Vom Kirschsaft 125 ml abmessen.
3. Den Zucker in einen zweiten Topf streuen und bei mittlerer Hitze schmelzen und goldig karamellisieren lassen. Kirschsaft vorsichtig dazuschütten. Achtung, es zischt! Und der Karamell wird fest. Den Saft kurz köcheln lassen, bis sich der Karamell wieder aufgelöst hat.
4. Die Speisestärke zuerst mit 2 EL kaltem Wasser vermischen, dann unter den Kirschsaft rühren. Den Saft aufkochen, vom Herd nehmen und die Kirschen dazugeben.
5. Deinen geliebten Grießbrei zusammen mit den heißen Kirschen servieren. Sofort genießen!
Guten!

DE LUXE

AUS DEM GLAS gelöffelt, schmeckt der Grießbrei auch kalt ganz wunderbar. Füll ihn mit den Kirschen in Trink-, Schraub- oder Einmachgläser und lass alles abkühlen. Und bevor du zuschlägst, kannst du noch geraspelte vegane Schokolade oder Kokosraspel on top streuen.

BANANEN-MAMORKUCHEN

Fluffig, fruchtig, Schoki-Power

FÜR 1 GUGELHUPFFORM
(22 CM Ø, 10 STÜCKE)
Zubereitung: 25 Min.
Backen: 1 Std.

2 vollreife kleine Bananen
2 EL Erdnusscreme
75 ml neutrales Öl (plus noch etwas mehr für die Form)
300 ml Sojadrink
125 g Zucker
Salz
375 g Mehl (plus noch etwas mehr für die Form)
½ Pck. Backpulver
2 EL Kakaopulver
180 g vegane Zartbitter-Kuvertüre
50 g Haselnusskerne
1 TL Kokosöl

1. Heize zuerst den Backofen auf 170° vor. Schneid dann deine Bananen klein und schmeiß sie in eine hohe Schüssel. Schnapp dir das Handrührgerät mit den Rührbesen und zerkleinere damit die Bananen zu Mus.

2. Gib Erdnusscreme, neutrales Öl, Sojadrink, deinen Zucker und 1 Prise Salz zum Bananenmus und verrühre alles zu einer cremigen Masse. Mehl und Backpulver vermischen und zur Bananenmasse geben. Kurz zu einem glatten Teig vermengen.

3. Fette deine Gugelhupfform gründlich und streu sie mit Mehl aus. Ein Drittel des Teigs in eine zweite Schüssel geben und mit dem Kakao zu einem dunklen Teig verrühren.

4. Zuerst den hellen Teig in die Form füllen, dann auch den dunklen Teig. Nun mit einem Messer das Ganze etwas swirlen, also spiralförmige Bahnen durch die beiden Teige ziehen, sodass das typische Marmormuster entsteht.

5. Den Kuchen im Ofen (Mitte) 1 Std. backen. Dann aus dem Ofen holen, die Form vorsichtig wenden und upside down auf ein Arbeitsbrett stellen. Den Gugelhupf in der Form auskühlen lassen, erst danach herauslösen.

6. Zartbitter-Kuvertüre in grobe Stücke hacken, in eine kleine Schüssel geben und bei kleiner Hitze in einem heißen Wasserbad schmelzen. Hacke deine Haselnüsse klein und rühre sie mit dem Kokosöl unter die Kuvertüre. Die Glasur auf dem Marmorkuchen verteilen und fest werden lassen.

Guten!

ZAUGEILER ZUPFKUCHEN

Ein Träumchen und Must-try!

FÜR 1 SPRINGFORM
(22 CM Ø, 12 STÜCKE)
Zubereitung: 30 Min.
(ohne Auskühlzeit)
Backen: 1 Std. 20 Min.

340 g weiche Margarine (plus noch etwas mehr für die Form)
240 g Zucker
440 g Mehl (plus noch etwas mehr für die Form)
40 g Kakaopulver
Salz
2 Pck. Vanille-Puddingpulver
1 Msp. gemahlene Vanille
½ Zitrone
1 kg Vanille-Sojaghurt
300 g vegane Crème fraîche

1. In der Rührschüssel der Küchenmaschine mit dem Flachrührer 320 g Margarine und 160 g Zucker kurz verrühren. Mehl, Kakao und 1 Prise Salz hinzufügen und alles rasch verkneten. Den Teig in den Kühlschrank geben.
2. Rührschüssel säubern, Puddingpulver, übrigen Zucker (80 g) und die Vanille darin vermischen. Zitronensaft auspressen und dazugeben, übrige Margarine (20 g) schmelzen und dazugeben, alles mit dem Rührbesen verrühren. Sojaghurt und die Crème fraîche dazuschmeißen und unterrühren.
3. Den Backofen auf 180° vorheizen. Schnapp dir dann die Springform, fette und mehle sie gut ein. Jetzt knapp die Hälfte deines Schokomürbeteigs flach auf den Formboden drücken, dann den restlichen Teig rundherum an den Rand der Form drücken, ca. 1 cm dick. Zum Schluss deine Vanille-Sojaghurt-Füllung in die Form kippen.
4. Den Kuchen in den Ofen (Mitte) schieben und 1 Std. backen, dann vorsichtig herausnehmen. Restlichen Mürbeteig in Stücke zupfen, diese mit den Händen flach drücken und fleckenartig auf der Füllung verteilen. Den Kuchen noch weitere 20 Min. backen.
5. Deinen Zupfkuchen aus dem Ofen holen und gut auskühlen lassen (Minimum: 4 Std.), bevor du ihn anschneidest.
Guten!

DE LUXE

EINE FRUCHTIGE NOTE im Zupfkuchen lässt manche Süßmaulherzen noch höherschlagen. Bock drauf? Wenn ja, schnappst du dir 1 Dose Mandarin-Orangen (Abtropfgewicht 175 g), lässt sie im Sieb gut abtropfen und mischst sie zusätzlich noch unter die Füllung.

REGISTER

H

J

K

L

M

N

O

P

R

S

T

U

V

W

Y

Z

Die Backzeiten können je nach Herd variieren. Unsere Temperaturangaben beziehen sich auf das Backen im Elektroherd mit Ober- und Unterhitze.

APPETIT AUF MEHR?

ISBN 978-3-8338-8267-8

ISBN 978-3-8338-7984-5

ISBN 978-3-8338-7892-3

ISBN 978-3-8338-7302-7

ISBN 978-3-8338-8254-8

ISBN 978-3-8338-8154-1

Alle hier vorgestellten Bücher sind auch als eBook erhältlich.

GU

Mehr von GU auf **www.gu.de** und **facebook.com/gu.verlag**

IMPRESSUM

Gräfe und Unzer ist eine eingetragene Marke der GRÄFE UND UNZER VERLAG GmbH, www.gu.de

ISBN 978-3-8338-8402-3

1. Auflage 2022

Ein Unternehmen der
GANSKE VERLAGSGRUPPE

Projektleitung: Melanie Loser
Lektorat: schönseitig.de, Christina Geiger
Korrektorat: Jutta Friedrich
Umschlaggestaltung und Layout: ki36 Editorial Design, München, Sabine Skrobek
Herstellung: Martina Koralewska
Satz: schönseitig.de, Christina Geiger
Repro: Longo AG, Bozen
Druck und Bindung: Firmengruppe APPL, aprinta druck, Wemding

Printed in Germany

UMWELTHINWEIS

Nachhaltigkeit ist uns sehr wichtig. Der Rohstoff Papier ist in der Buchproduktion hierfür von entscheidender Bedeutung. Daher ist dieses Buch auf PEFC-zertifiziertem Papier gedruckt. PEFC garantiert, dass ökologische, soziale und ökonomische Aspekte in der Verarbeitungskette unabhängig überwacht werden und lückenlos nachvollziehbar sind.

BILDNACHWEIS

Food-Fotos: Silvio Knezevic
People-Fotos: Jennifer Braun, außer Privatbilder auf S. 6, 7, 8, 9, 39, 57, 93, 139, 169
Illustrationen: Creative Market
Illustration Rosa: Duana von der Warth

Syndication: www.seasons.agency

DIE AUTORIN

Für Rosa Roderigo war schnell klar: Essen ist ihre Berufung. Nach einer Ausbildung zur Konditorin arbeitete sie als Produktentwicklerin bei einer Confiserie und machte ihren Meisterabschluss. Die vegane Welt entdeckte sie durch ihre Partnerin, mit der sie 2020 den Instagram-Kanal »Rosa kocht grün« startete, der vom Mediennetzwerk funk unterstützt wird. Hier inspiriert sie ihre Follower:innen täglich mit ihrem Enthusiasmus und ihren kreativen Rezepten.

DER FOOD-FOTOGRAF

Silvio Knezevic ist ausgebildeter Koch und studierter Fotodesigner. Nach der Kochlehre arbeitete er in 5-Sterne-Hotels, als Foodstylist und als Caterer für Rockbands. Seit 2008 ist er als freier Fotograf für die verschiedensten Magazine, Unternehmen und Agenturen tätig. Bei diesem Buch arbeitete er zusammen mit dem Foodstylisten Sven Christ und der Propstylistin Barbara Emmel.

DIE PEOPLE-FOTOGRAFIN

Jennifer Braun ist Werbefotografin und Kommunikationsdesignerin mit eigenem Studio in Köln. Ihr Schwerpunkt liegt im Bereich Food- und People-Fotografie. Mit viel Leidenschaft und Professionalität setzte sie für dieses Buch die Autorin perfekt in Szene.